Disney characters and artwork © Disney Enterprises, Inc.

ISBN 978-0-634-06037-3

Walt Disney Music Company
Wonderland Music Company, Inc.

DISTRIBUTED BY

HAL•LEONARD®
CORPORATION

7777 W. BLUEMOUND RD. P.O. BOX 13819 MILWAUKEE, WI 53213

Visit Hal Leonard Online at
www.halleonard.com

L'air du vent
Pocahontas 4

Histoire éternelle
La Belle et la Bête 8

Il en faut peu pour être heureux
Le Livre de la Jungle 11

Je suis ton ami
Toy Story 14

Partir là-bas
La Petite Sirène 18

Quand elle m'aimait
Toy Story 2 24

Réflexion
Mulan 28

Ce rêve bleu
Aladdin 31

Supercalifragilisticexpidelilicieux
Mary Poppins 36

Tendre rêve
Cendrillon 40

L'Univers de Jean-Christophe
Winnie l'Ourson 43

Zip-A-Dee-Doo-Dah
Mélodie du Sud 46

L'air du vent

Tiré du film de Walt Disney POCAHONTAS

Musique de Alan Menken
Paroles de Stephen Schwartz
Paroles françaises de Luc Aulivier et Philippe Videcoq

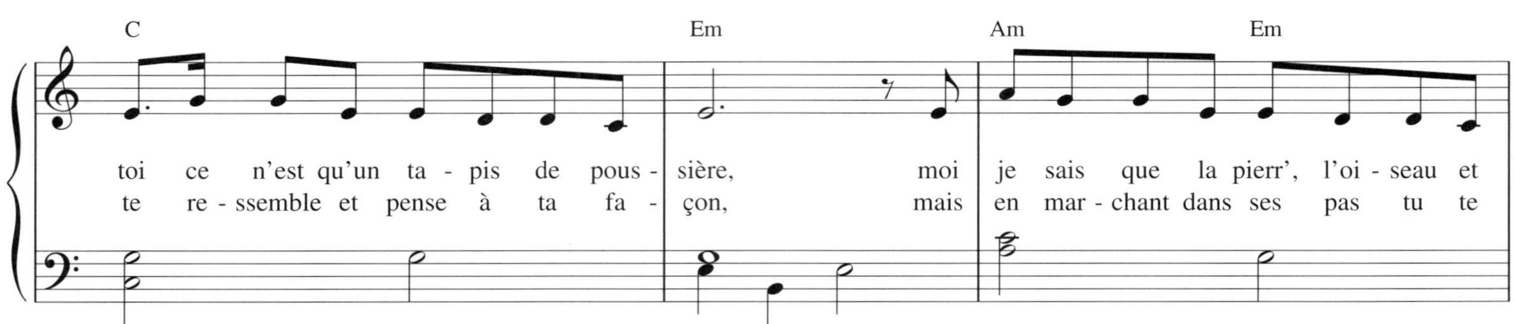

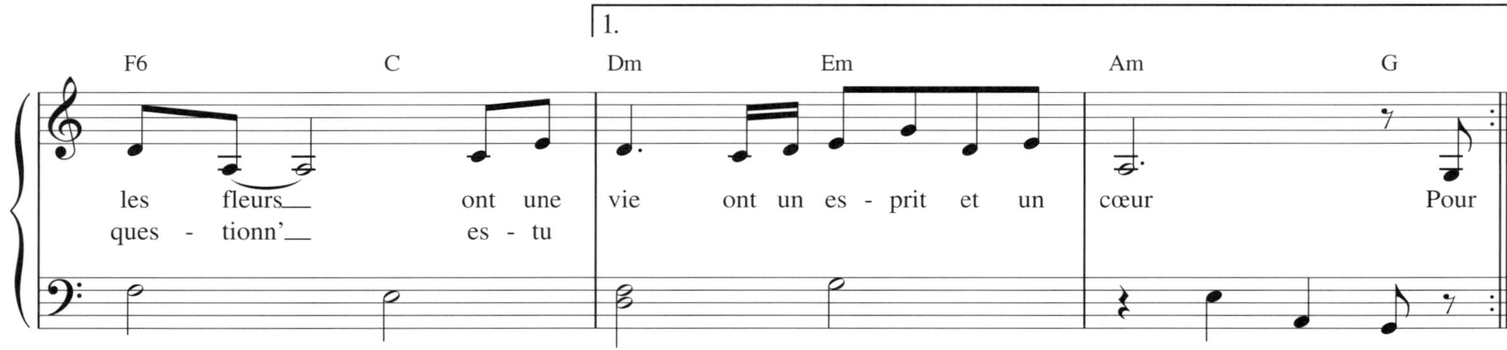

Am   Em   F   Am
tu le chant d'es - poir du loup qui meurt d'a - mour ? Les pleurs du chat sau - vag' au pe - tit

Em   F   C   Am
jour ?   En - tends tu chan - ter les es - prits de la mon - tagn' ?   Peux - tu

To Coda

Dm   C   Dm   F6   G7
pein - dr'en mil - le cou - leurs l'air du vent ?   Peux - tu pein - dr'en mil - le cou - leurs l'air du

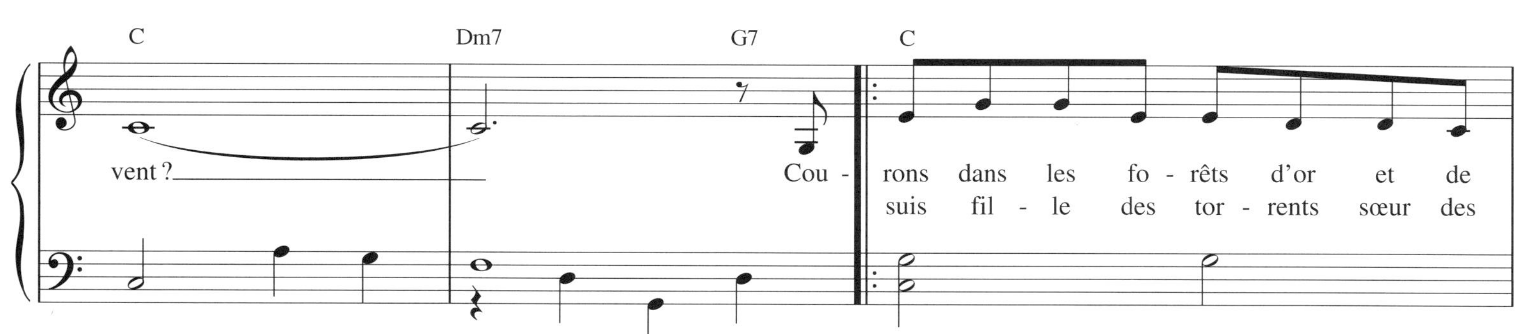

C   Dm7   G7   C
vent ?________   Cou - rons dans les fo - rêts d'or et de
                                                          suis fil - le des tor - rents sœur des

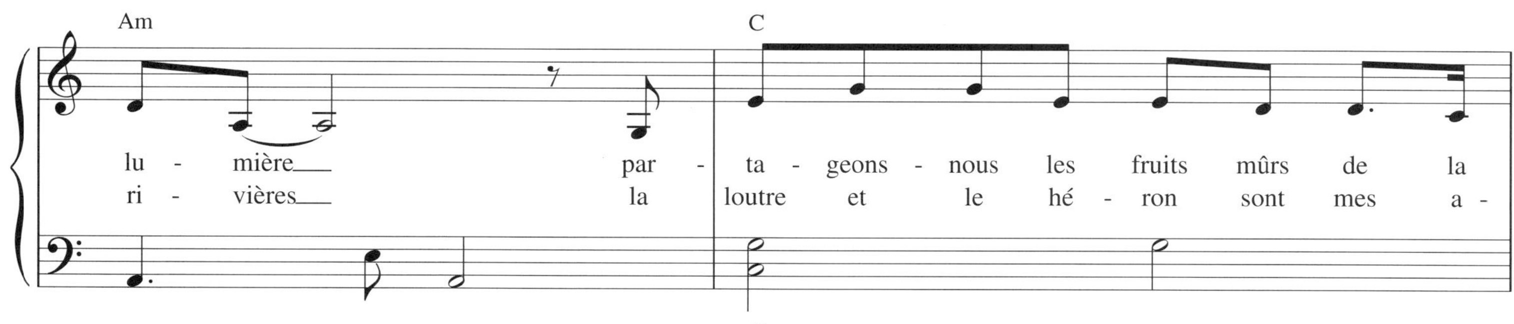

Am   C
lu - mière________   par - ta - geons - nous les fruits mûrs de la
ri - vières________   la loutre et le hé - ron sont mes a -

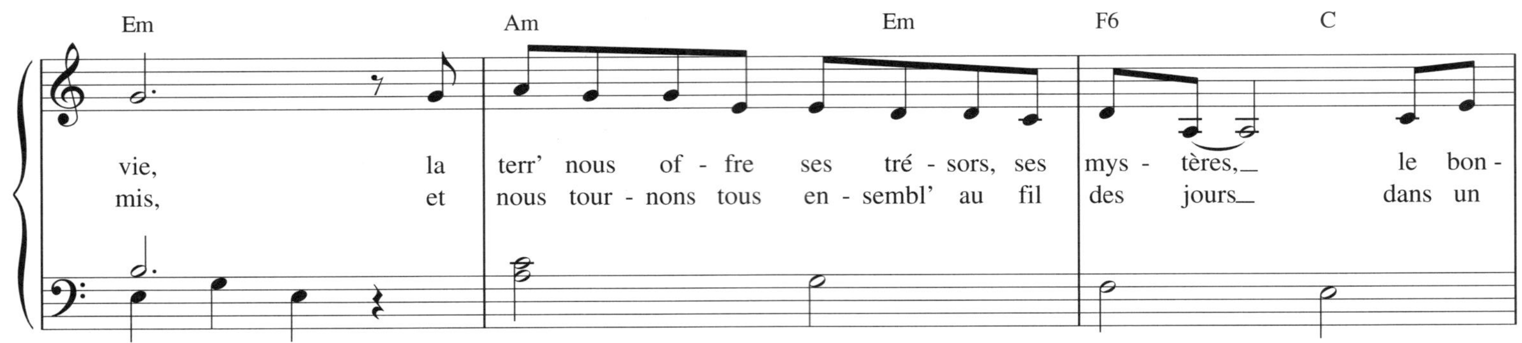

Em   Am   Em   F6   C
vie,   la   terr' nous of-fre ses tré-sors, ses mys-tères,__   le bon-
mis,   et   nous tour-nons tous en-sembl' au fil des jours__   dans un

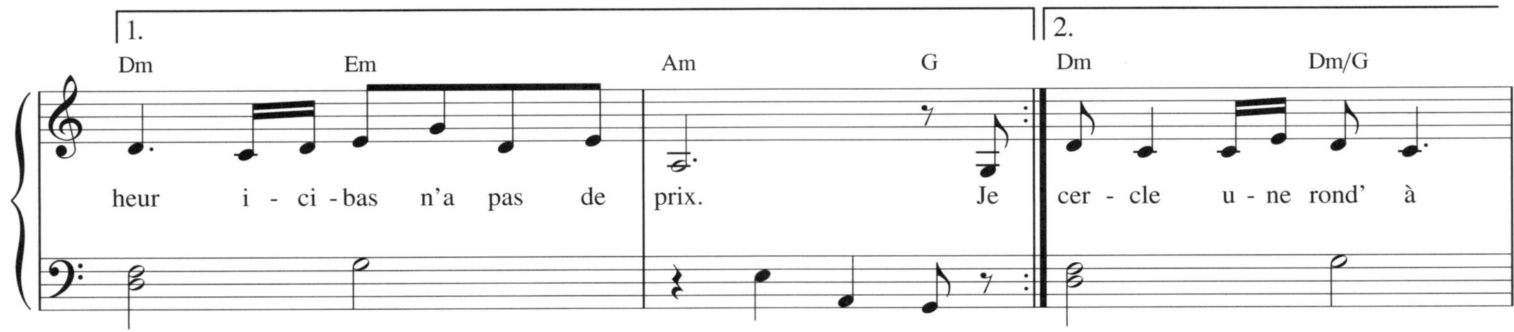

1.
Dm   Em   Am   G
heur   i - ci - bas   n'a   pas   de   prix.
2.
Dm   Dm/G
Je   cer - cle   u - ne   rond'   à

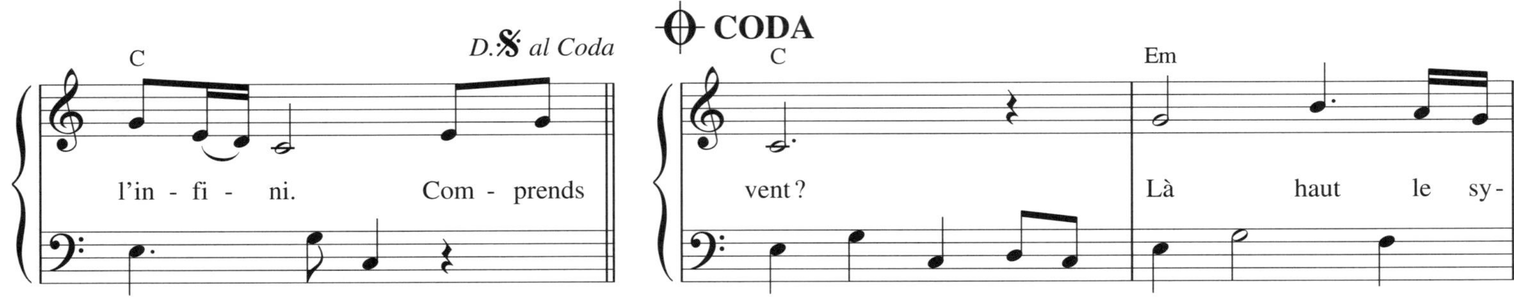

D.S. al Coda   CODA
C   C   Em
l'in - fi - ni.   Com - prends   vent ?   Là   haut   le   sy-

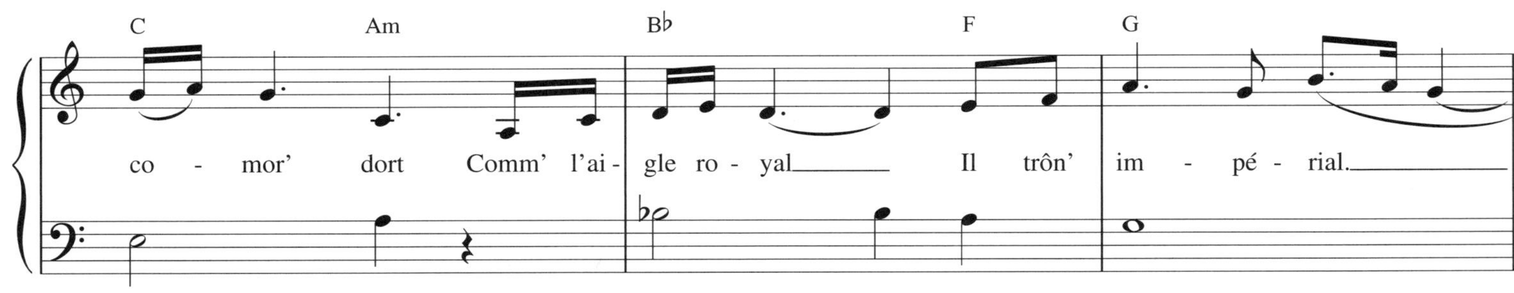

C   Am   Bb   F   G
co - mor'   dort   Comm' l'ai - gle ro - yal__   Il   trôn'   im - pé - rial.__

Dm   Am   Em   F
__   Les cré - a - tur' de la na - tur' ont be - soin d'air pur,   et

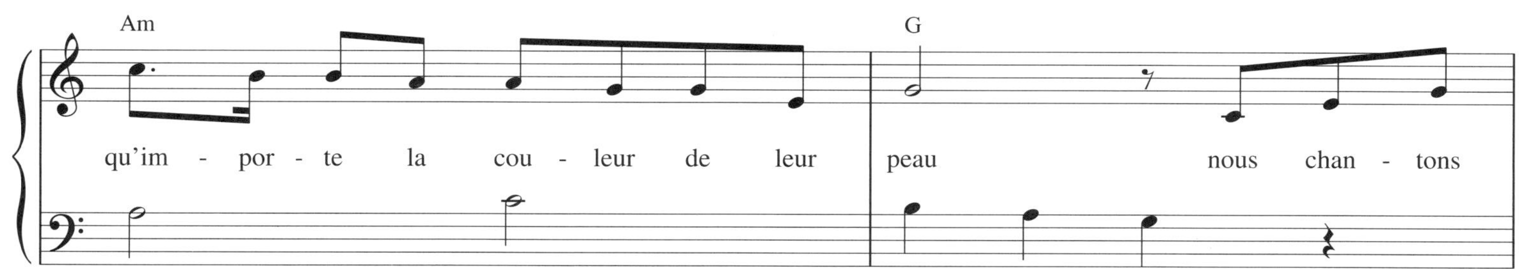

Am
G
qu'im - por - te la cou - leur de leur peau nous chan - tons

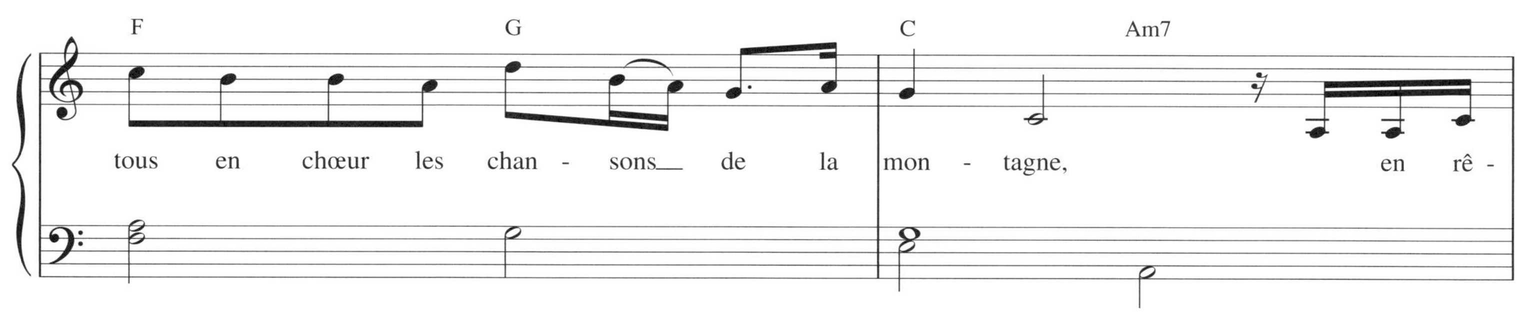

F
G
C
Am7
tous en chœur les chan - sons__ de la mon - tagne, en rê -

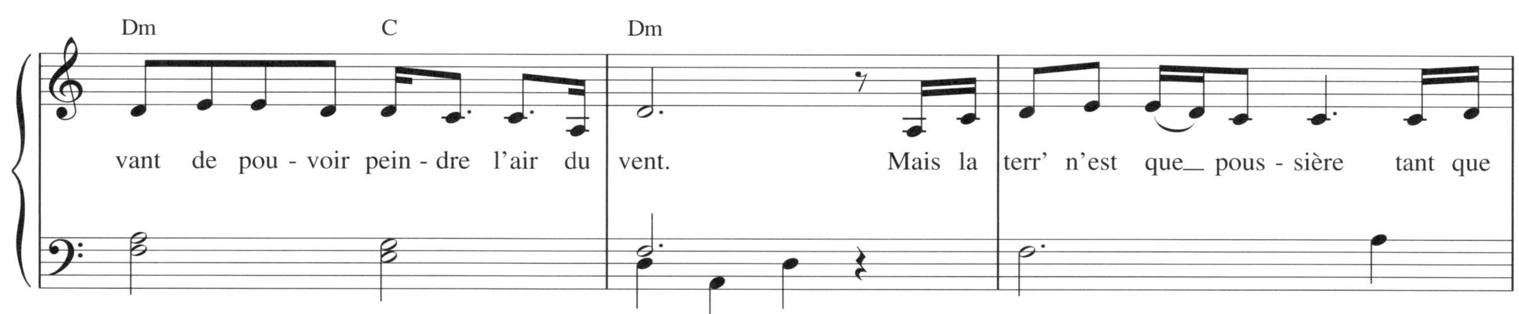

Dm
C
Dm
vant de pou - voir pein - dre l'air du vent. Mais la terr' n'est que__ pous - sière tant que

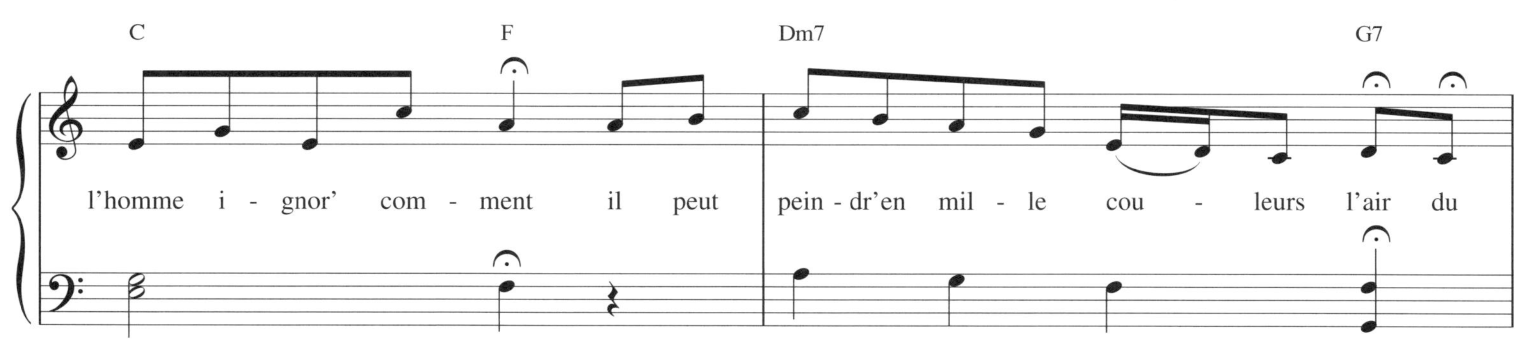

C
F
Dm7
G7
l'homme i - gnor' com - ment il peut pein - dr'en mil - le cou - leurs l'air du

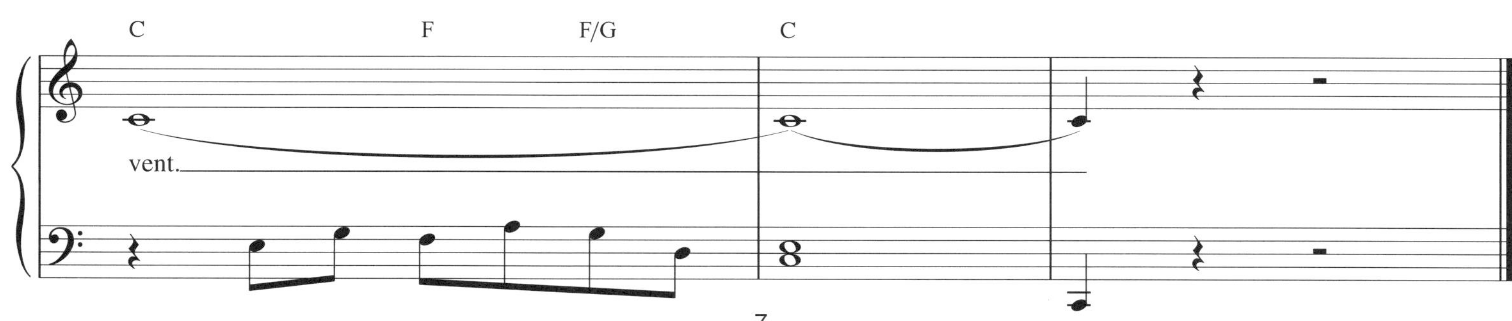

C
F
F/G
C
vent.__

Histoire éternelle

Tiré du film de Walt Disney LA BELLE ET LA BETE

Paroles de Howard Ashman
Musique de Alan Menken
Paroles françaises de Claude Rigal-Ansous

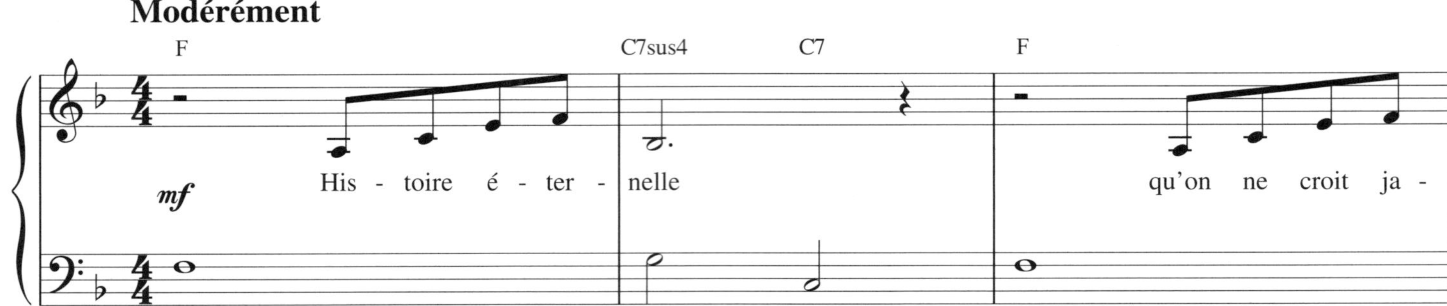

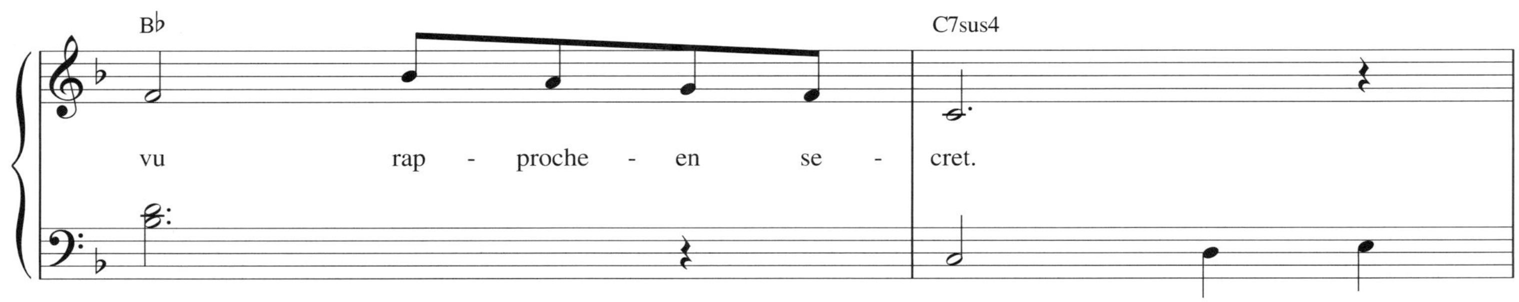

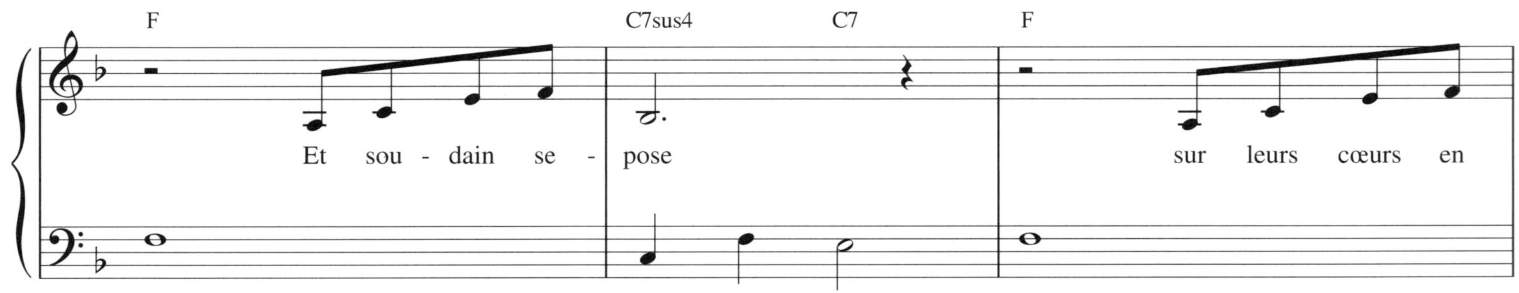

Cm7 F7 B♭ Am Gm7 C7
fête   un pa- pil- lon   rose,   un rien, pas grand   chose,   u - ne fleur of -

F C7sus4 Am
ferte.   Rien ne se res - semble,

B♭ Am B♭
rien n'est plus pa - reil,   mais com - ment sa -

Am Dm E♭
voir   la peur en - vo - lée   que l'on s'est trom - pé?

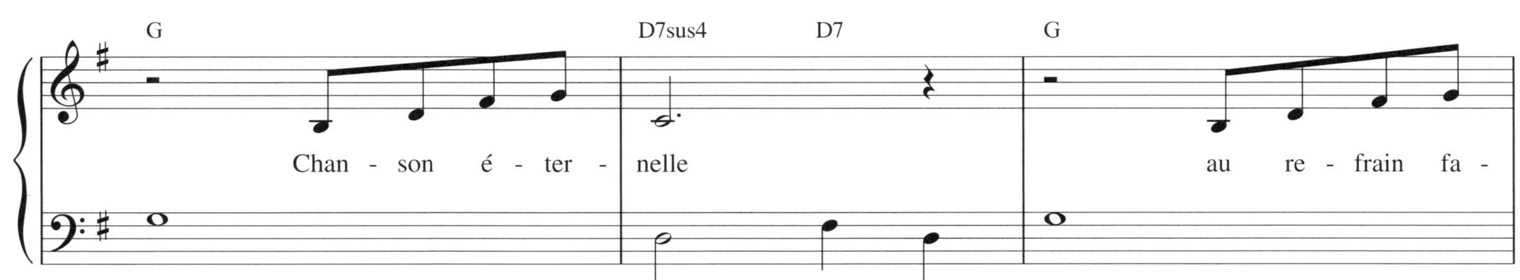

G D7sus4 D7 G
Chan - son é - ter - nelle   au re - frain fa -

D7sus4   D7   G   Bm
né.
C'est vrai, c'est é - trange   de voir comme on

C   D7sus4   D7   G   D7sus4   D7
change   sans même y pen - ser.
Tout comme les é - toiles

G   Dm   G7   C
s'é - teignent en ca - chette   l'his - toire é - ter - nelle,   tou - che de son

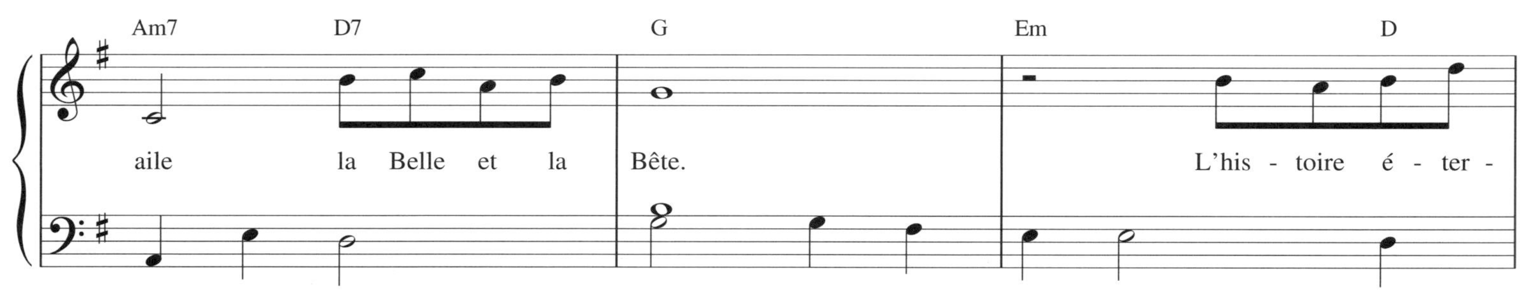

Am7   D7   G   Em   D
aile   la Belle et la   Bête.
L'his - toire é - ter -

C   Bm   Am7   D7   G
nelle,   tou - che de son   aile   la Belle et la   Bête.

Il en faut peu pour être heureux

Tiré du film de Walt Disney LE LIVRE DE LA JUNGLE

Paroles et Musique de Terry Gilkyson
Paroles françaises de Christian Jollet et Louis Sauvat

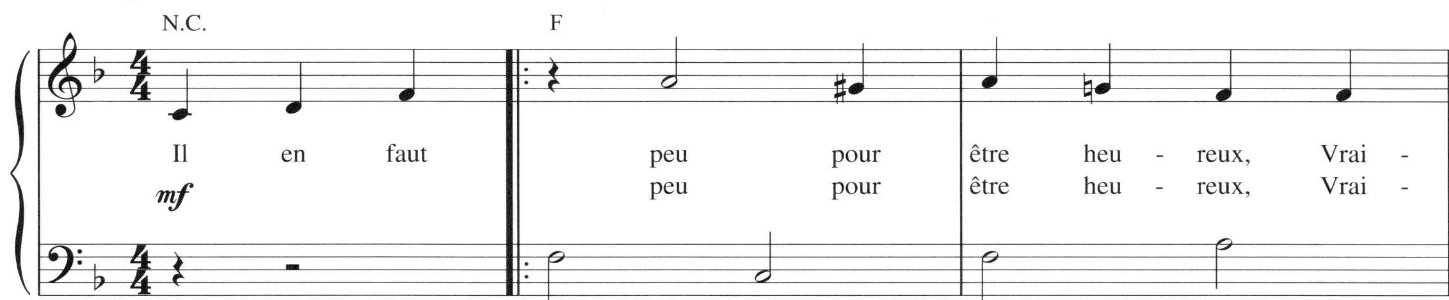

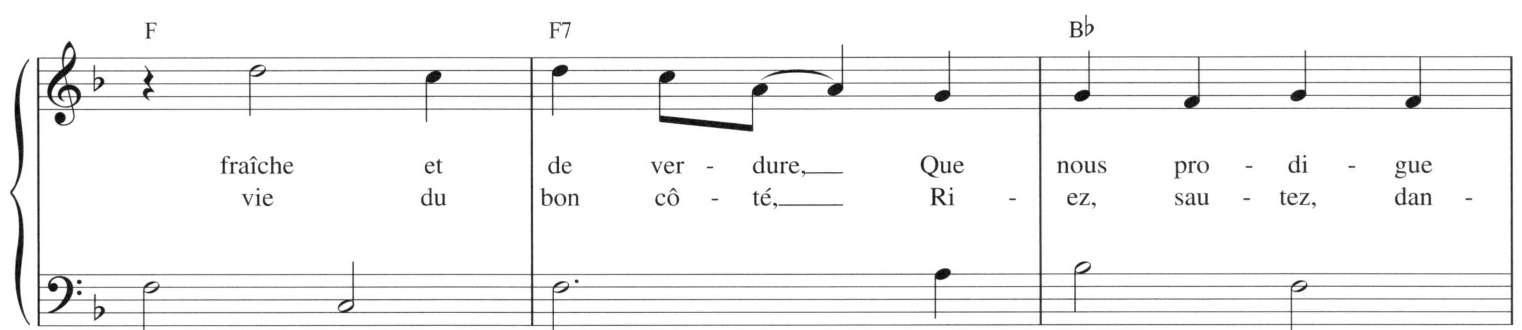

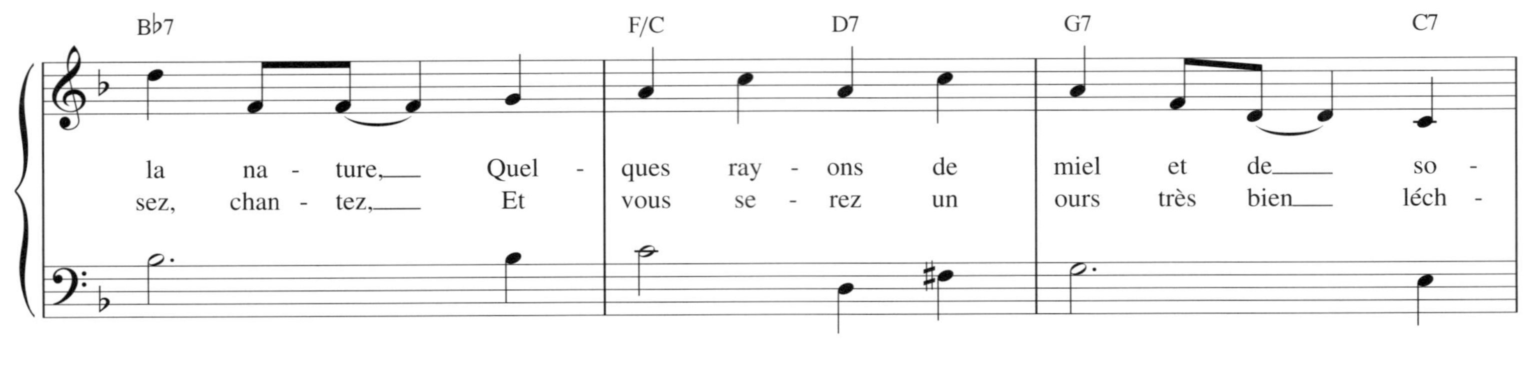

Bb7
F/C   D7   G7   C7
la na - ture,___ Quel - ques ray - ons de miel et de___ so -
sez, chan - tez,___ Et vous se - rez un ours très bien___ léch -

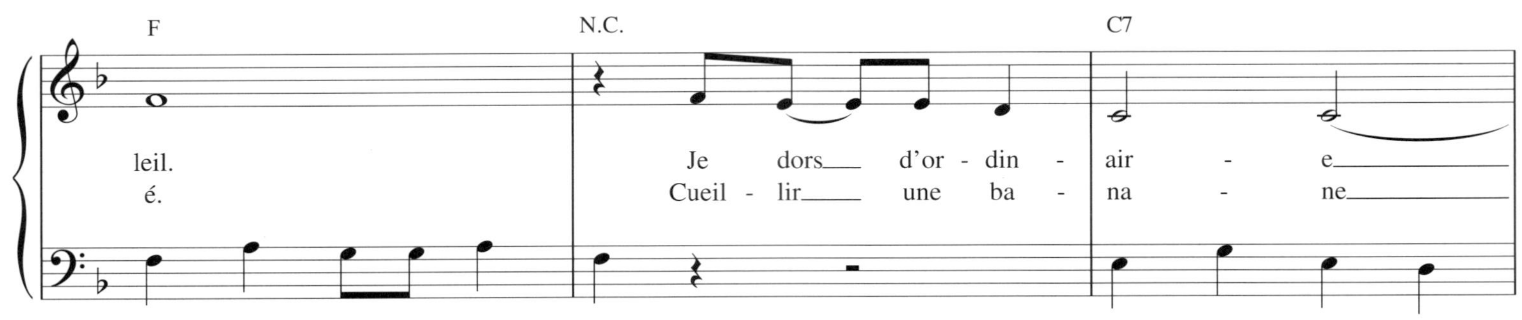

F   N.C.   C7
leil.
é.
Je dors___ d'or - din - air - e___
Cueil - lir___ une ba - na - ne___

F   N.C.   C7
___ sous les fron - dai - sons,   Et tou - te la jun - gle___
___ ça se fait sans as - tuce,   Mais c'est___ tout un dra - me___

F   F7   Bb
___ est ma___ mai - son.   Tout's les a - beilles de la for -
___ si c'est un cac - tus.   Si vous chi - pez des fruits sans

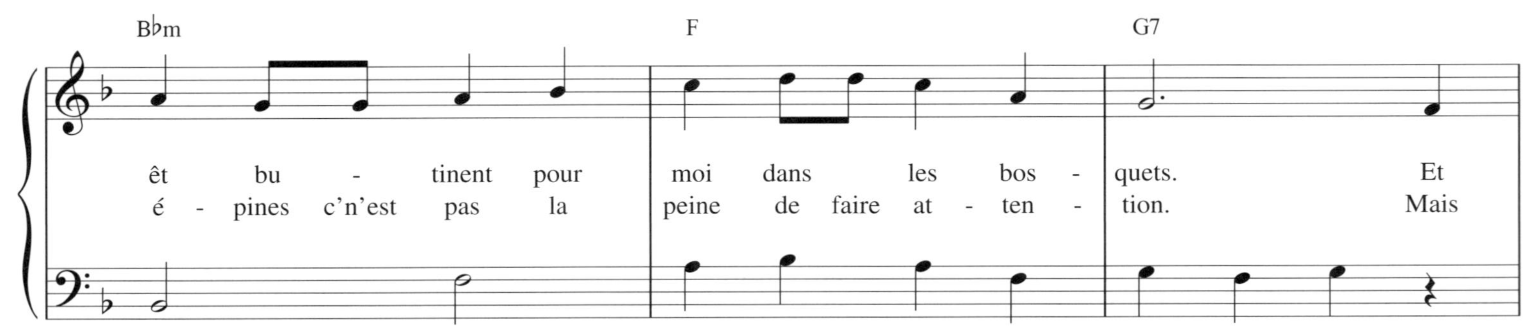

Bbm   F   G7
êt bu - tinent pour moi dans les bos - quets.   Et
é - pines c'n'est pas la peine de faire at - ten - tion.   Mais

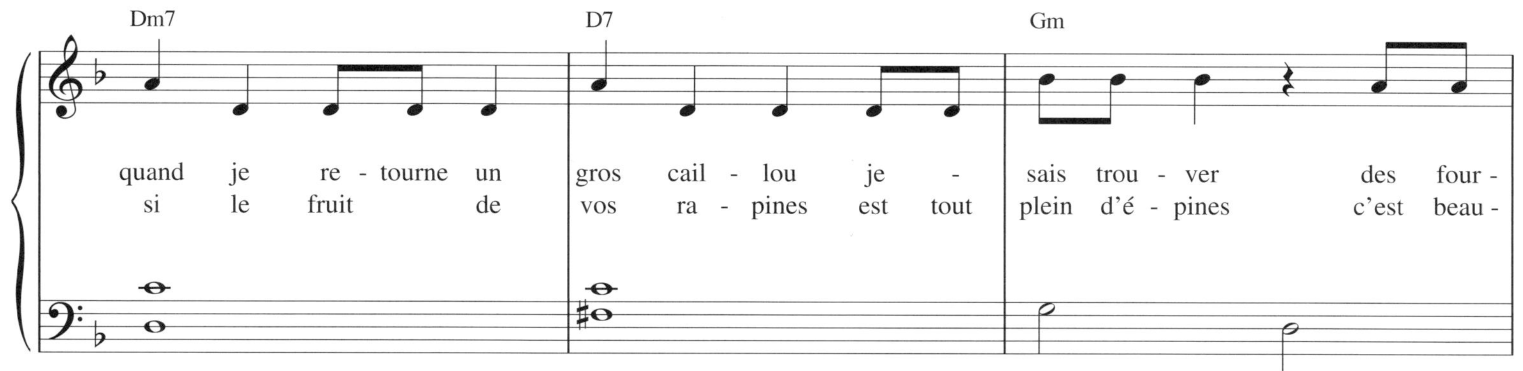

Dm7
D7
Gm
quand je re - tourne un gros cail - lou je - sais trou - ver des four -
si le fruit de vos ra - pines est tout plein d'é - pines c'est beau -

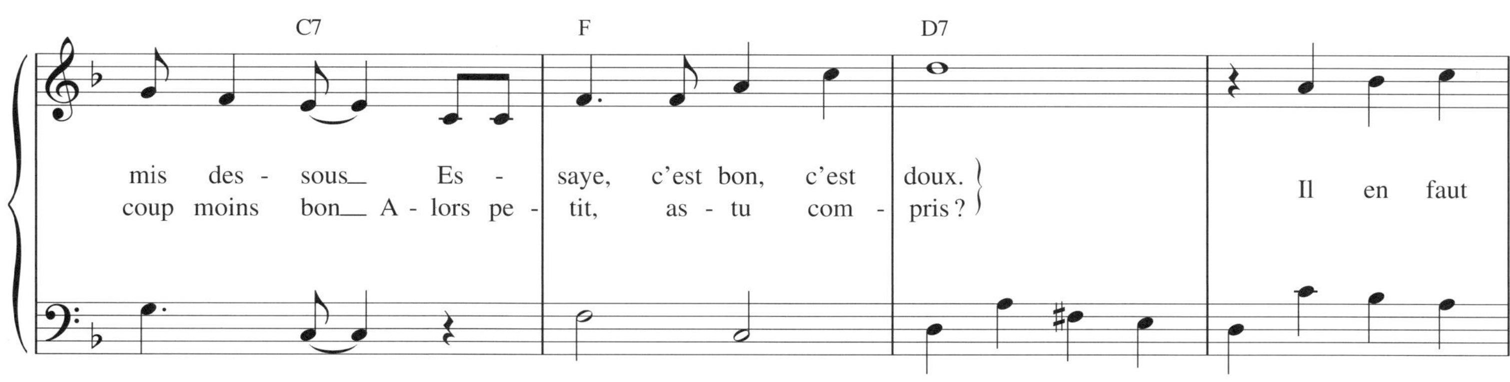

C7
F
D7
mis des - sous__ Es - saye, c'est bon, c'est doux.
coup moins bon__ A - lors pe - tit, as - tu com - pris ?
Il en faut

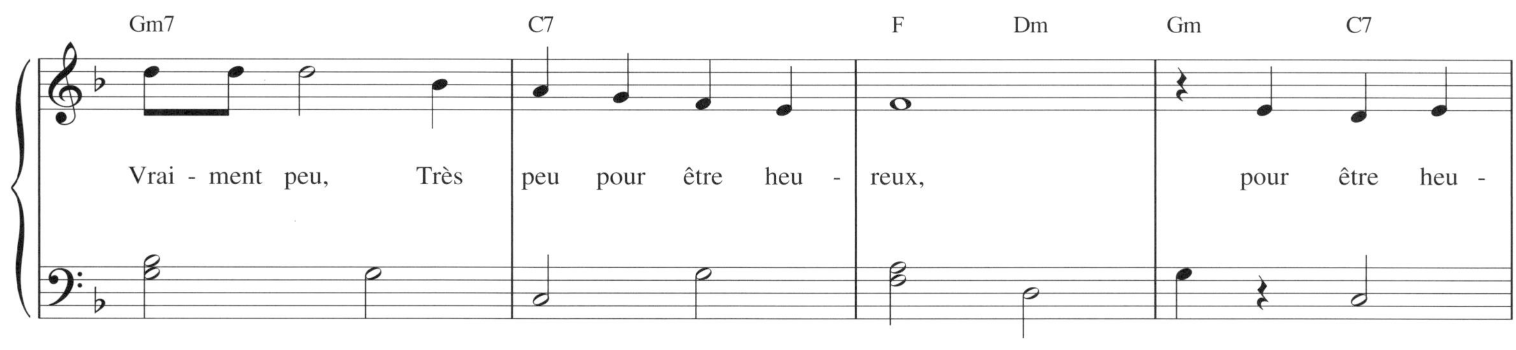

Gm7
C7
F
Dm
Gm
C7
Vrai - ment peu, Très peu pour être heu - reux, pour être heu -

1., 2.
3.
F
N.C.
F
F6
reux.
Il en faut
reux.__

Je suis ton ami

Tiré du film de Walt Disney TOY STORY

Musique et Paroles de Randy Newman
Paroles françaises de Charlelie Couture

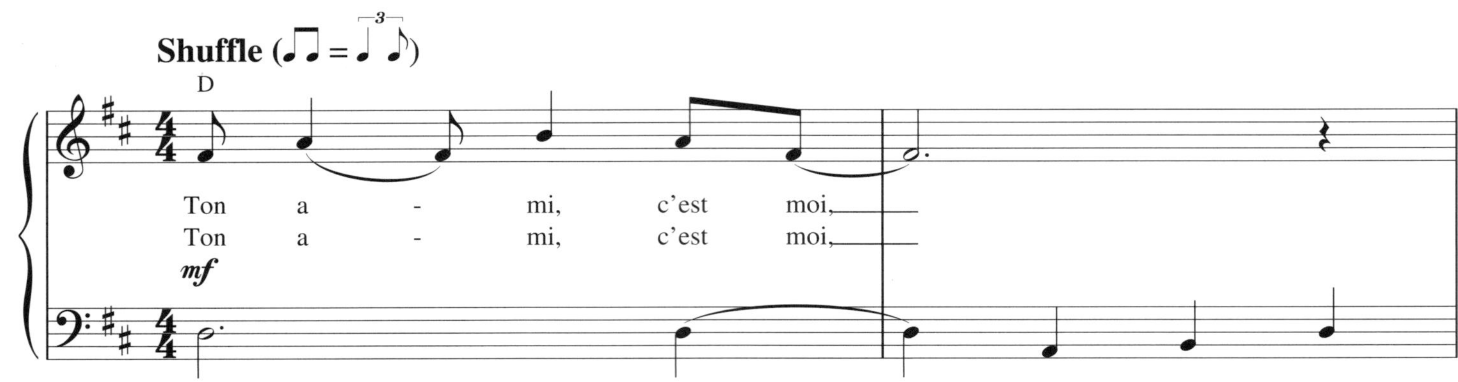

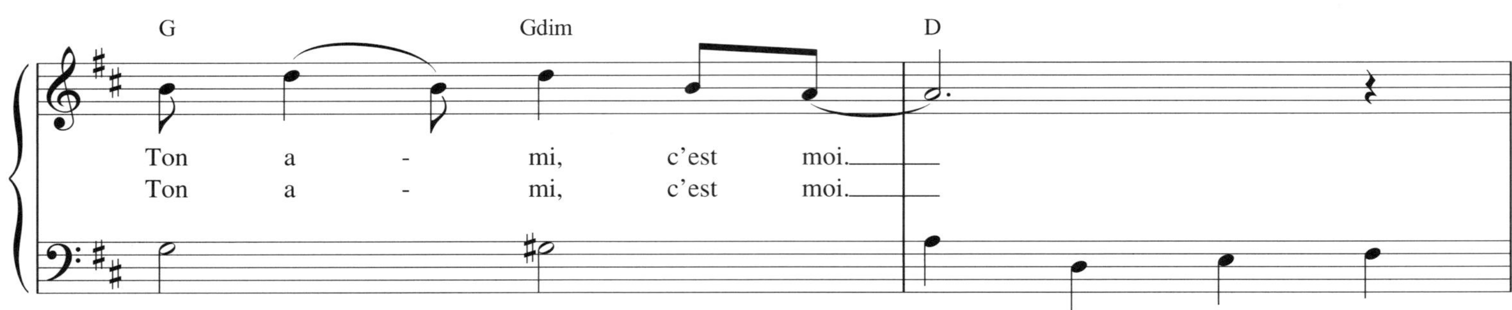

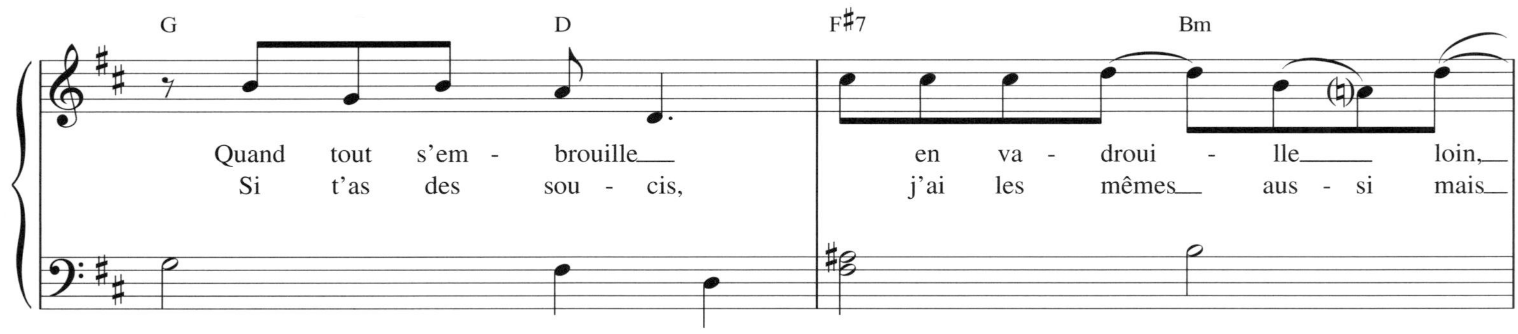

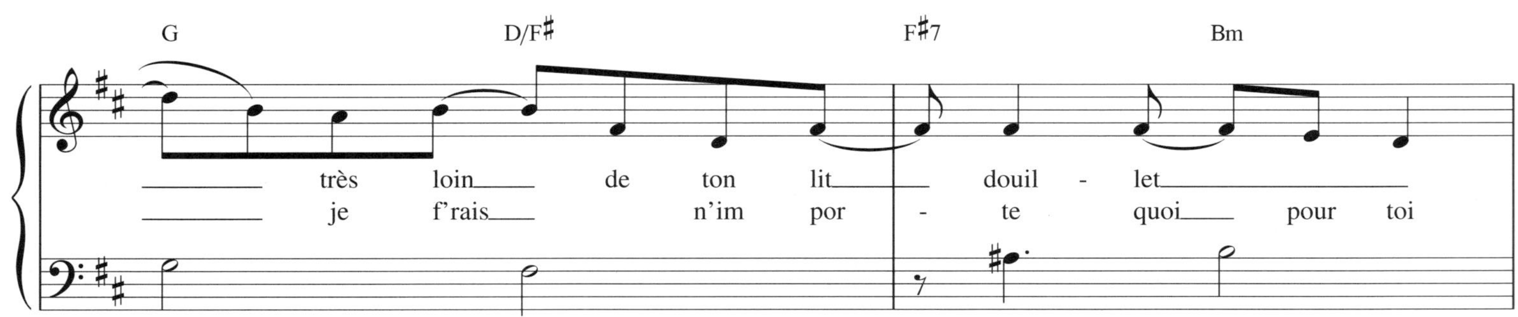

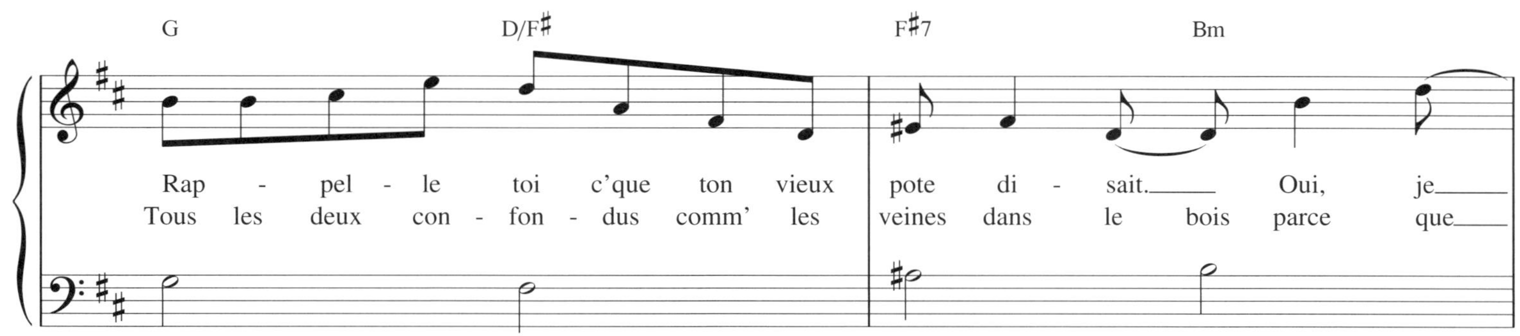

G   D/F#   F#7   Bm
Rap - pel - le toi c'que ton vieux   pote di - sait.___ Oui, je___
Tous les deux con - fon - dus comm' les veines dans le bois parce que___

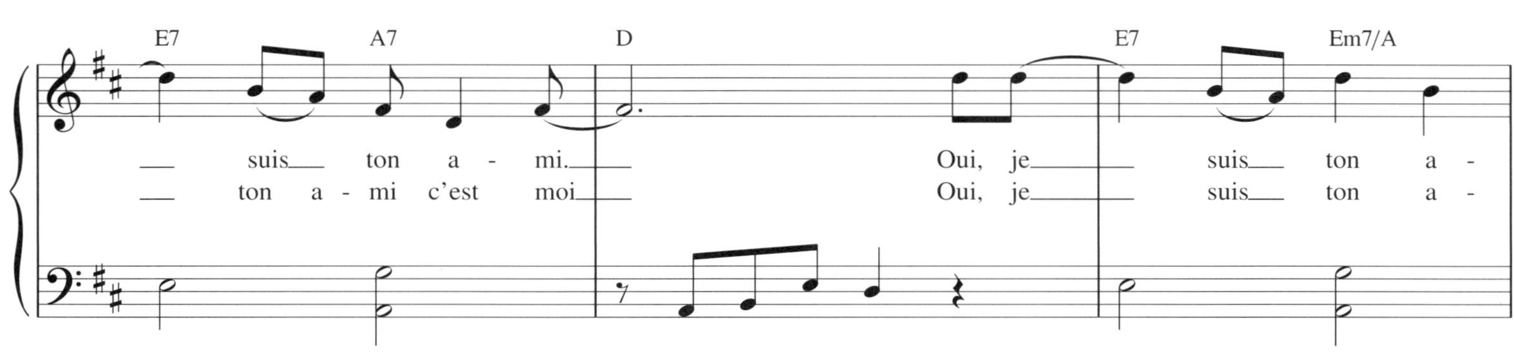

E7   A7   D   E7   Em7/A
___ suis___ ton a - mi.___   Oui, je___ suis___ ton a -
___ ton a - mi c'est moi___   Oui, je___ suis___ ton a -

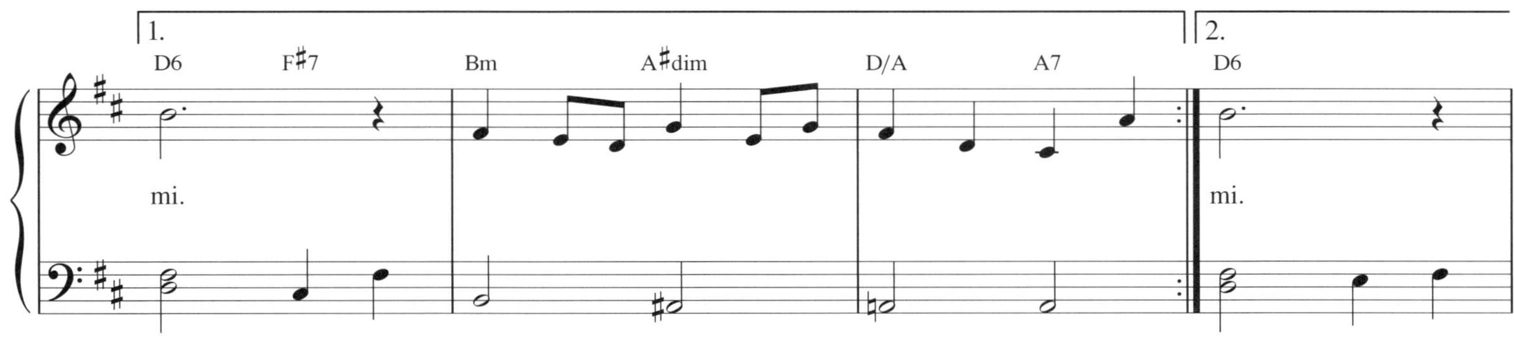

1.
D6   F#7   Bm   A#dim   D/A   A7   2.
mi.   D6
                                        mi.

G   C#
Main - te - nant y'a peut - ê - tre plus ma - lin que moi ail - leurs plus fort,
3   3   3

D6
C#7
D6
plus pu - is - sant aus - si.
Peut - être.

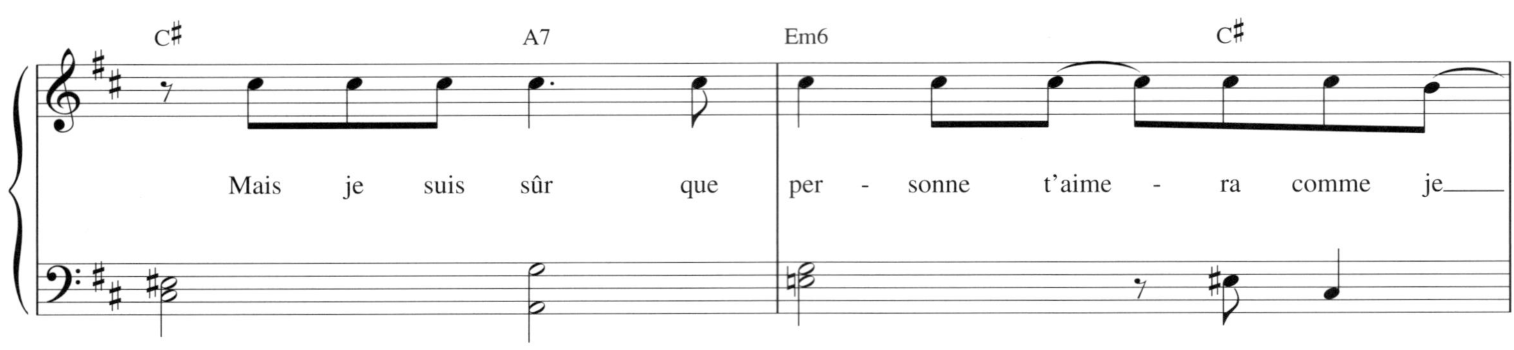

C#
A7
Em6
C#
Mais je suis sûr que per - sonne t'aime - ra comme je

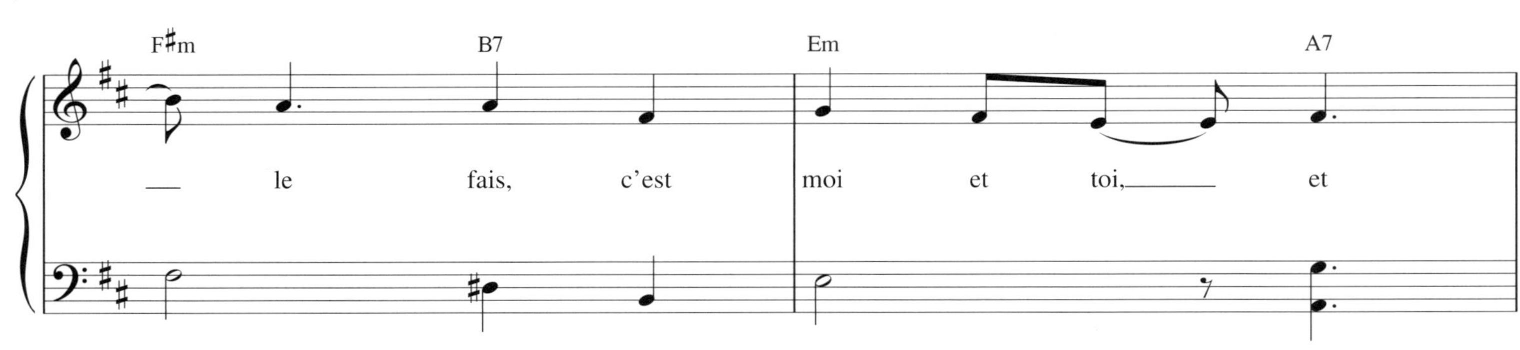

F#m
B7
Em
A7
le fais, c'est moi et toi, et

D
D7
G
G#dim
plus les an - nées pas - sent, plus on est so - li -
3

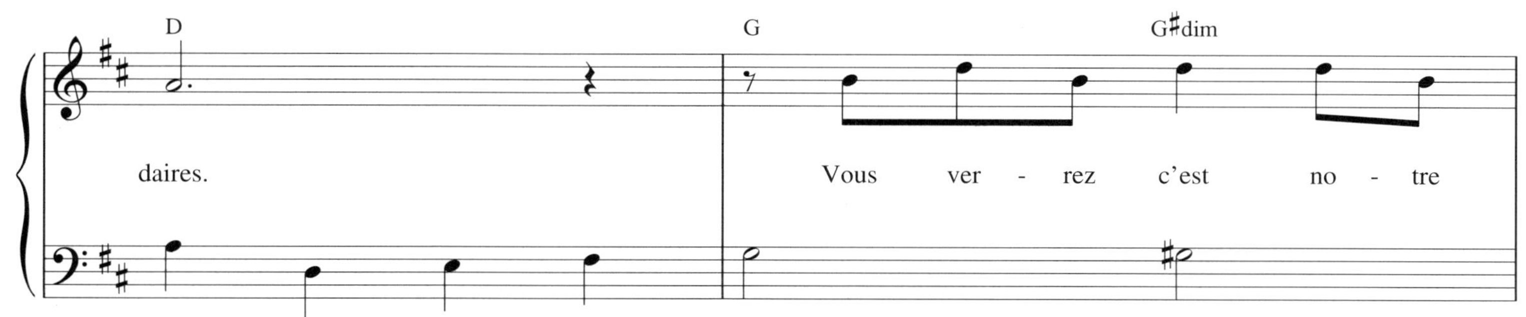

D
G
G#dim
daires.
Vous ver - rez c'est no - tre

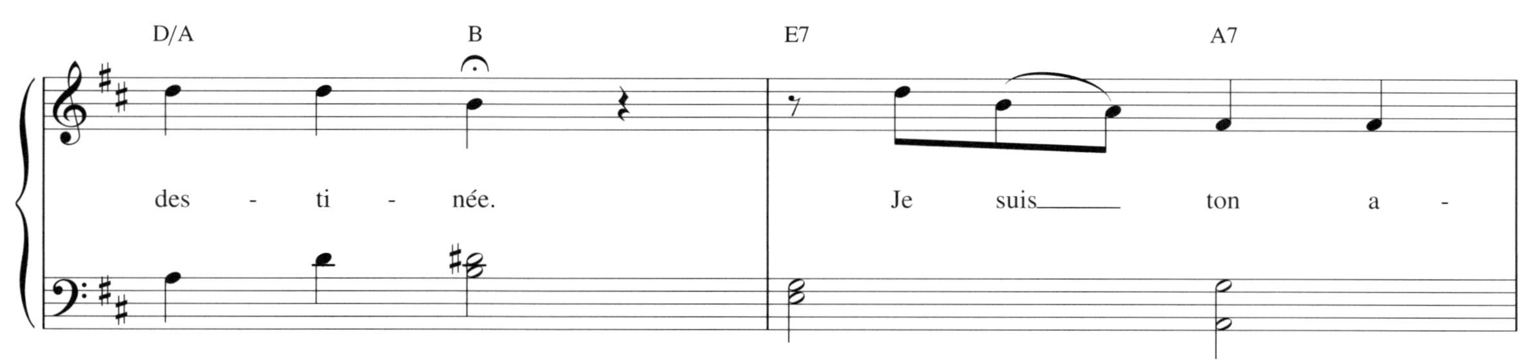

D/A
B
E7
A7
des - ti - née.
Je suis_____ ton a -

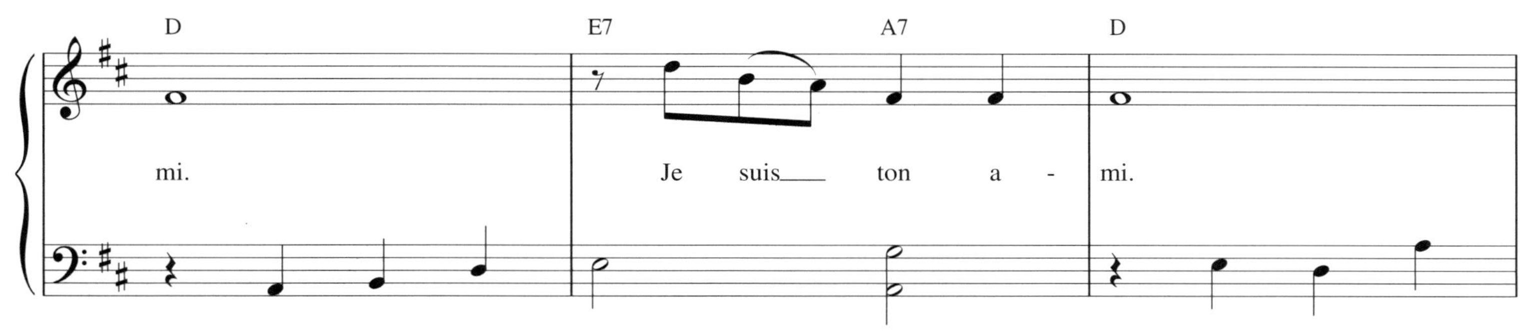

D
E7
A7
D
mi.
Je suis_____ ton a - mi.

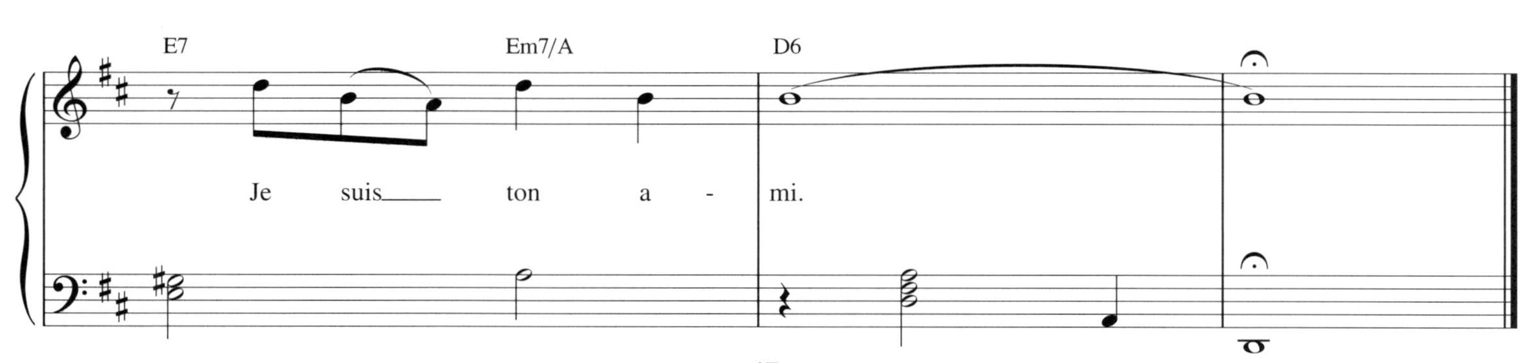

E7
Em7/A
D6
Je suis_____ ton a - mi.

Partir là-bas

Tiré du film de Walt Disney LA PETITE SIRENE

Paroles de Howard Ashman
Musique de Alan Menken
Paroles françaises de Claude Rigal-Ansous

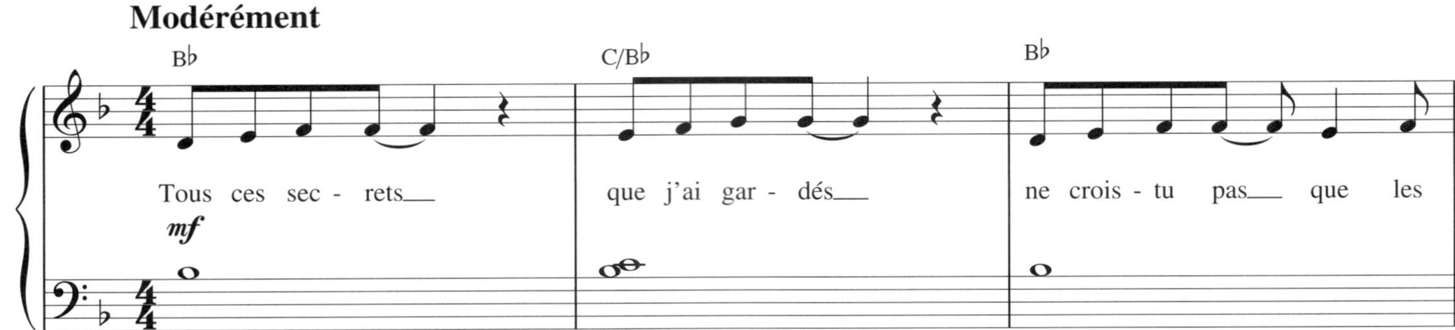

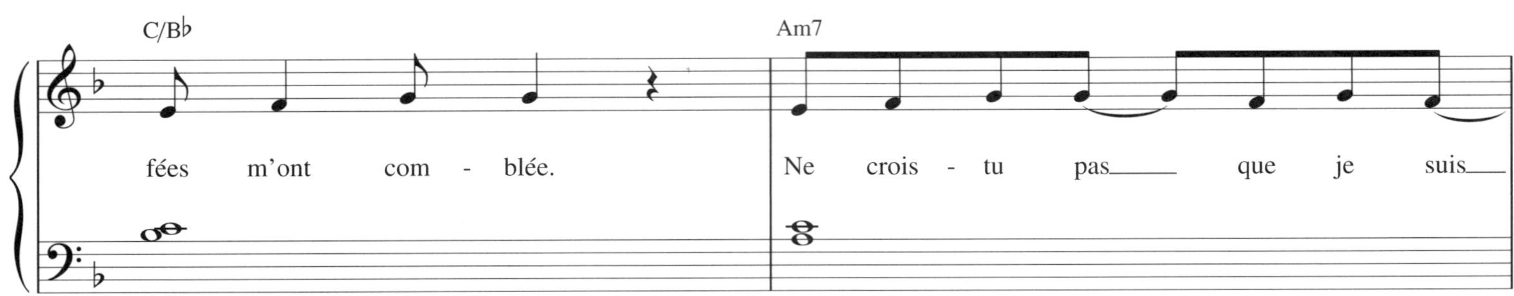

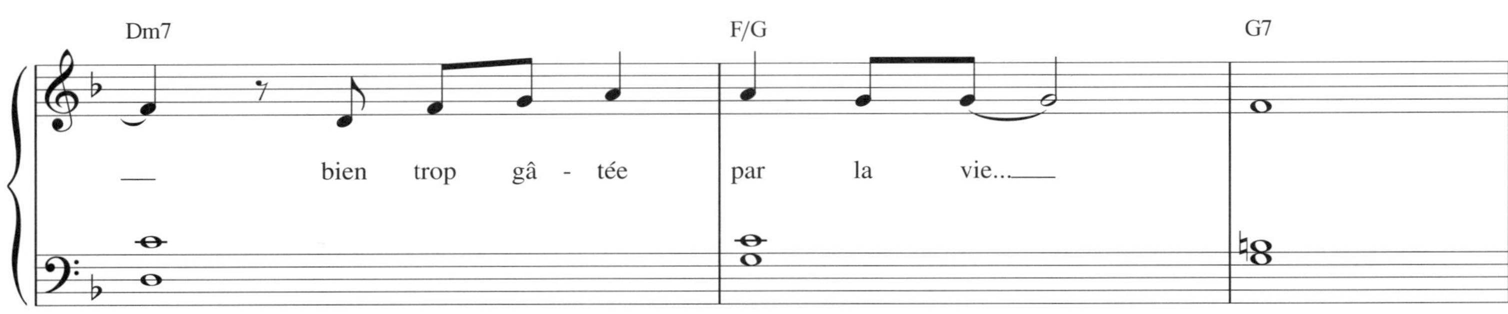

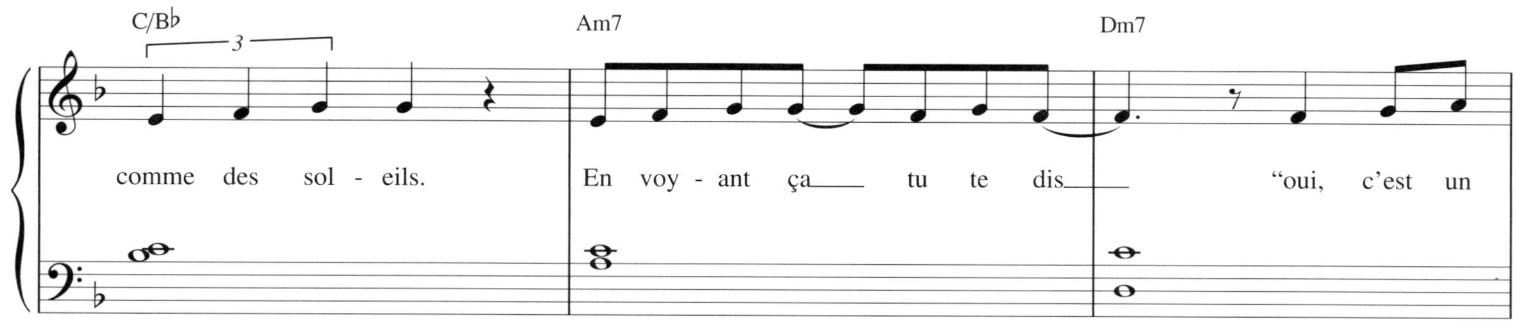
C/Bb
Am7
Dm7
comme des sol - eils. En voy - ant ça___ tu te dis___ "oui, c'est un

F/G
G7
Bbmaj7
par - a - dis."___ J'ai des gad - gets des trucs - chocs, des

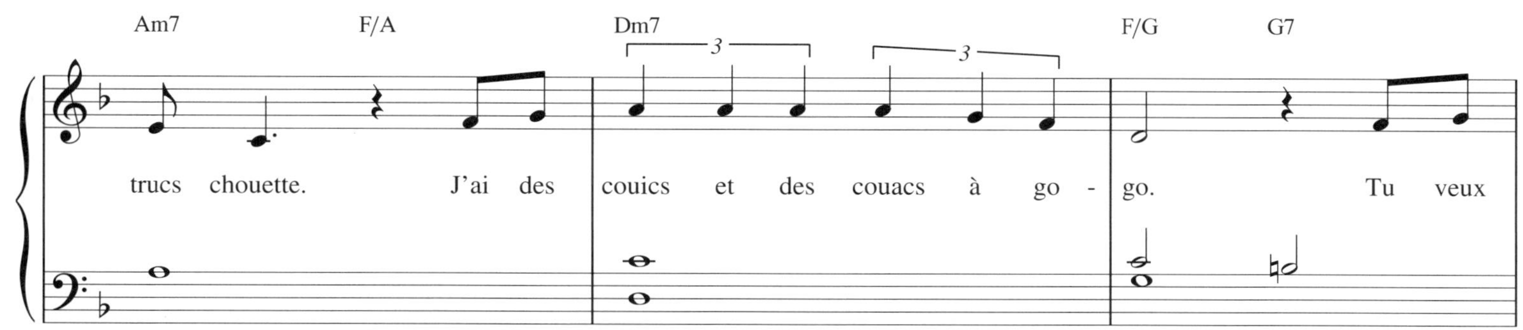
Am7
F/A
Dm7
F/G
G7
trucs chouette. J'ai des couics et des couacs à go - go. Tu veux

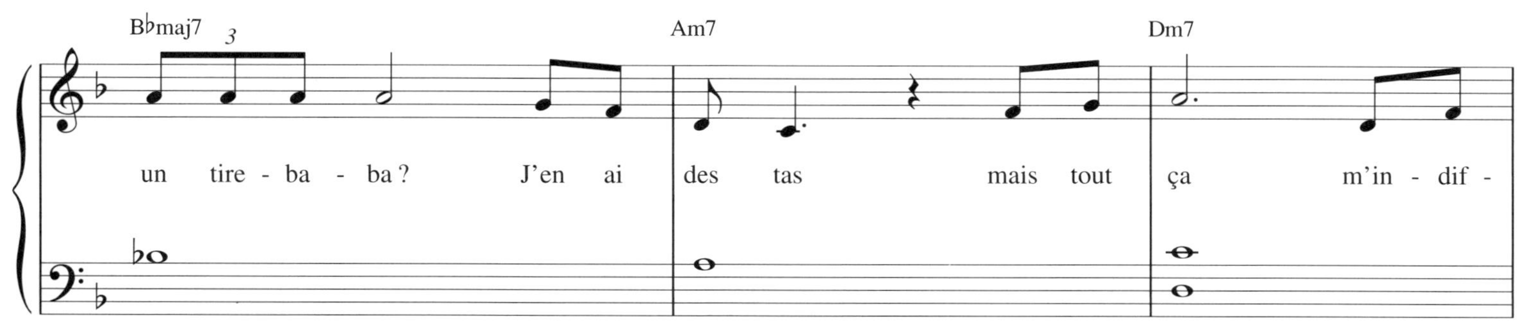
Bbmaj7
Am7
Dm7
un tire - ba - ba? J'en ai des tas mais tout ça m'in - dif -

F/G
G7
Csus4
C
Bb/C
C
fère et m'en - nuie.

F
Am7
B♭
Moi, je vou - drais par - cou - rir le monde.
Moi, je vou - drais voir le

B♭/C
C
Dm
Am
mon - de dan - ser,
le voir mar - cher sur ses
Com - ment ça s'appel'? Oh !

C7
F
Pieds.
On n'va nulle part en bat -

Am7
B♭
B♭/C
C
tant des na - geoires.
Il faut des jambes pour sau - ter et dan - ser,

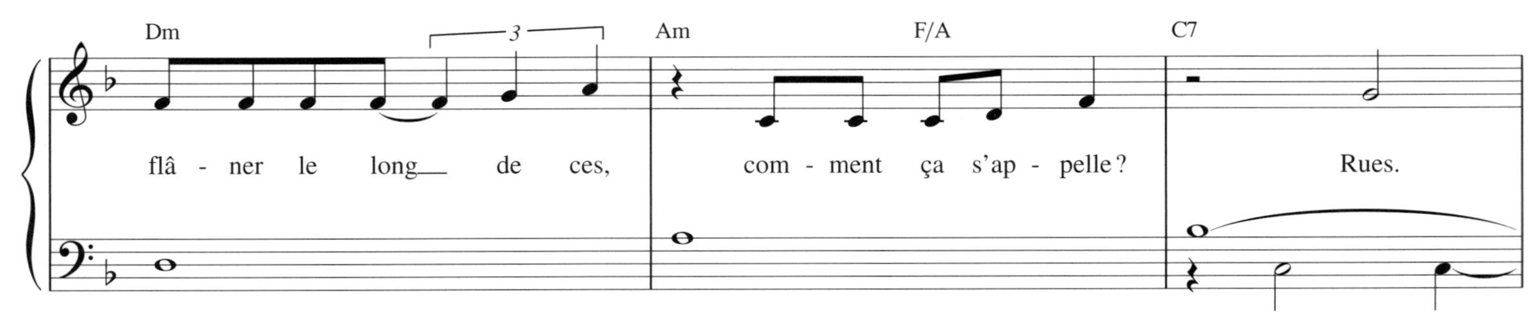

Dm
3
Am
F/A
C7
flâ - ner le long de ces,
com - ment ça s'ap - pelle?
Rues.

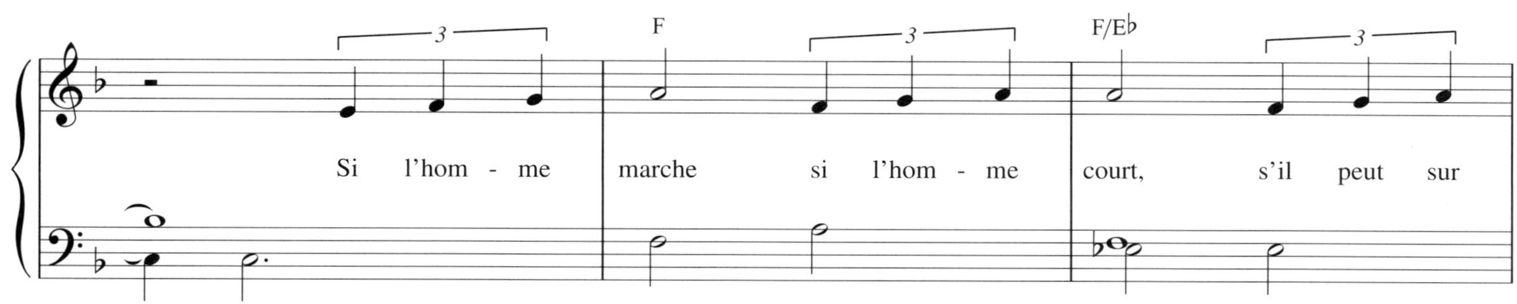

F
F/E♭
Si l'hom - me   marche   si l'hom - me   court,   s'il peut sur

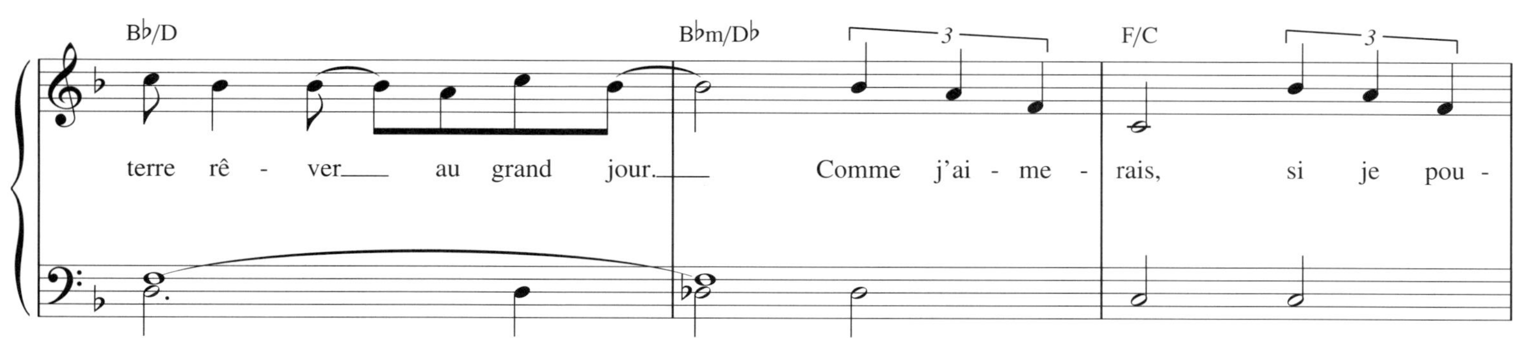

B♭/D
B♭m/D♭
F/C
terre rê - ver___ au grand jour.___   Comme j'ai - me - rais,   si je pou -

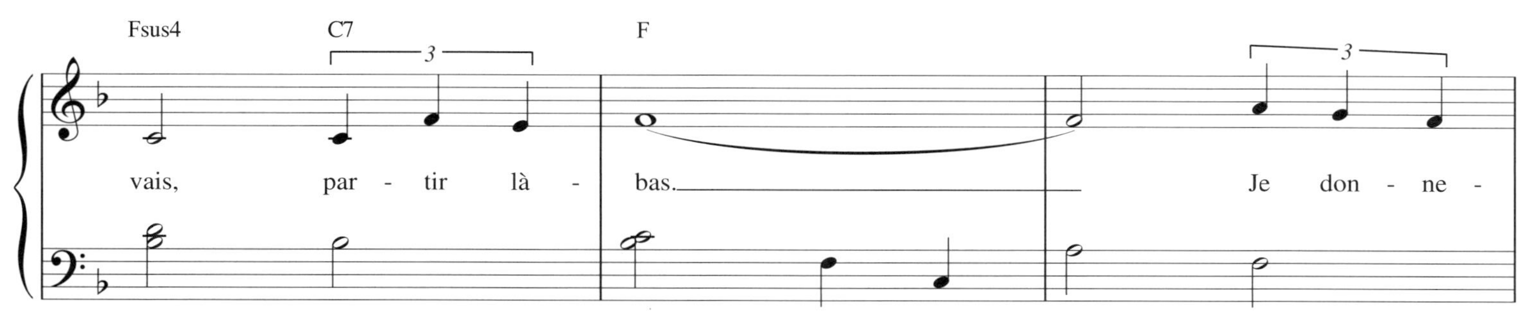

Fsus4
C7
F
vais,   par - tir là - bas.___   Je don - ne -

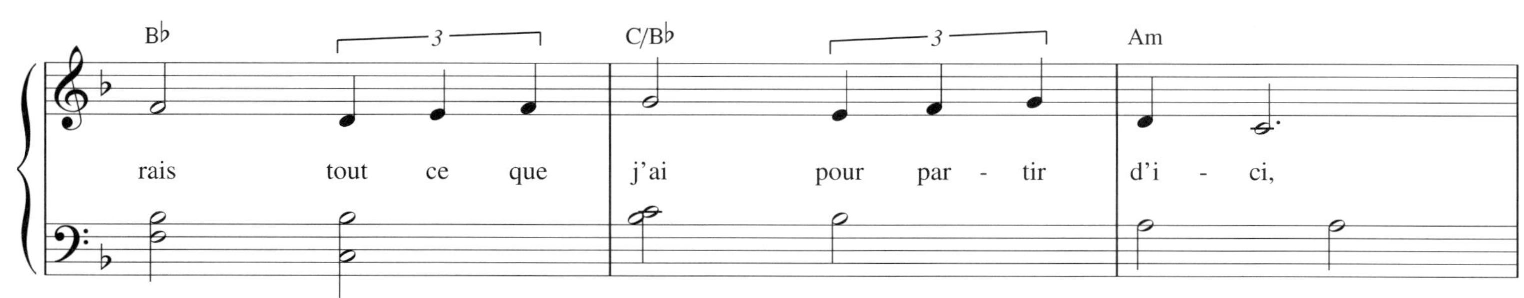

B♭
C/B♭
Am
rais   tout   ce   que   j'ai   pour par - tir   d'i - ci,

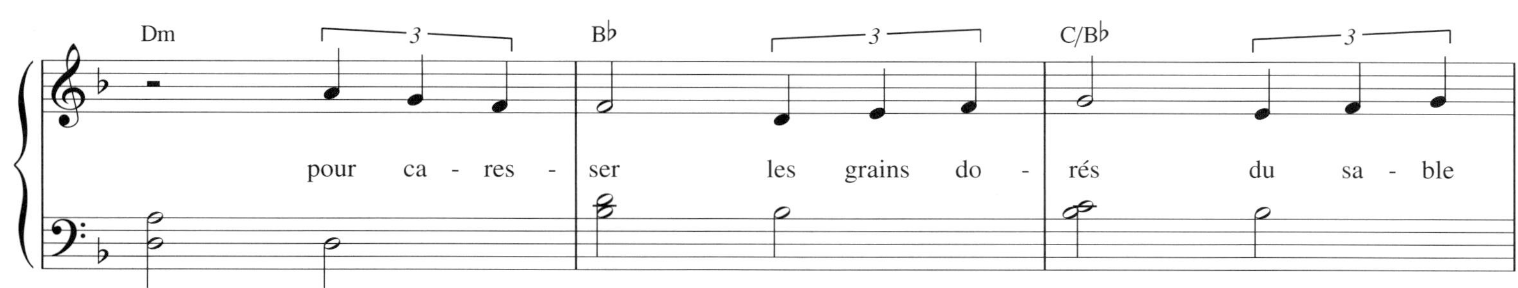

Dm
B♭
C/B♭
pour ca - res - ser   les grains do - rés   du sa - ble

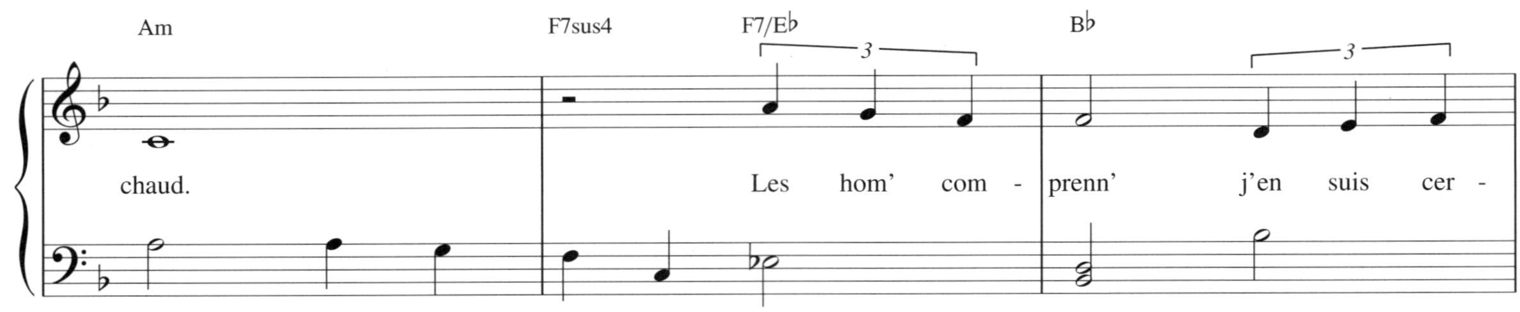

Am   F7sus4   F7/Eb   Bb
chaud.   Les hom' com - prenn' j'en suis cer -

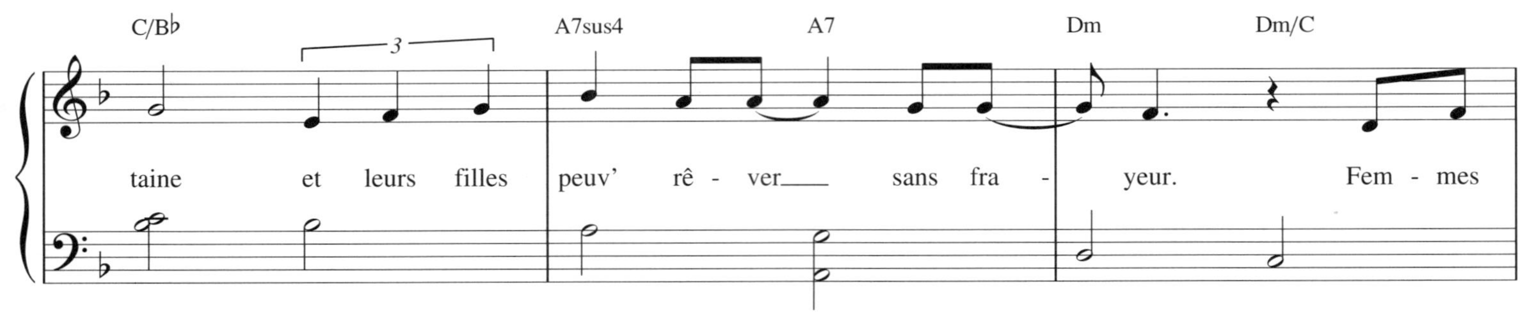

C/Bb   A7sus4   A7   Dm   Dm/C
taine   et leurs filles peuv' rê - ver___ sans fra - yeur.   Fem - mes

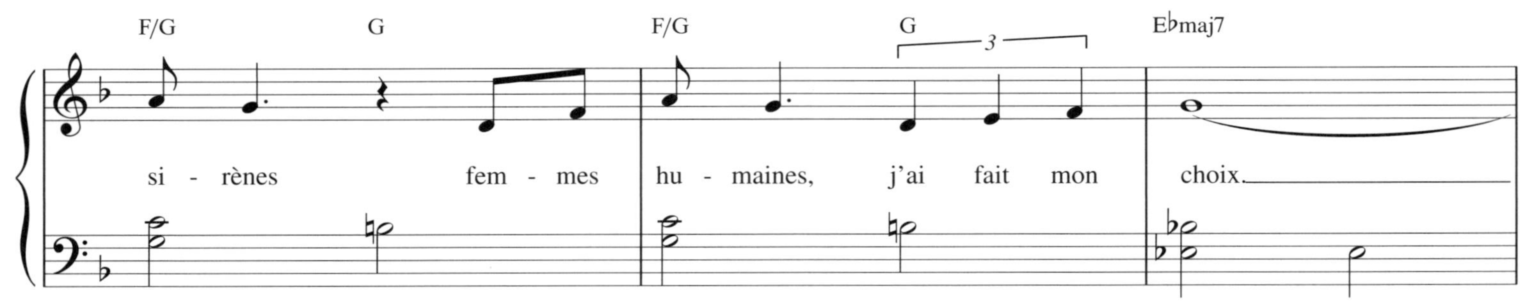

F/G   G   F/G   G   Ebmaj7
si - rènes   fem - mes hu - maines, j'ai fait mon   choix.___

Bb/C   F   Am7
Moi, je veux sa - voir.___ Moi, je   veux pou - voir___

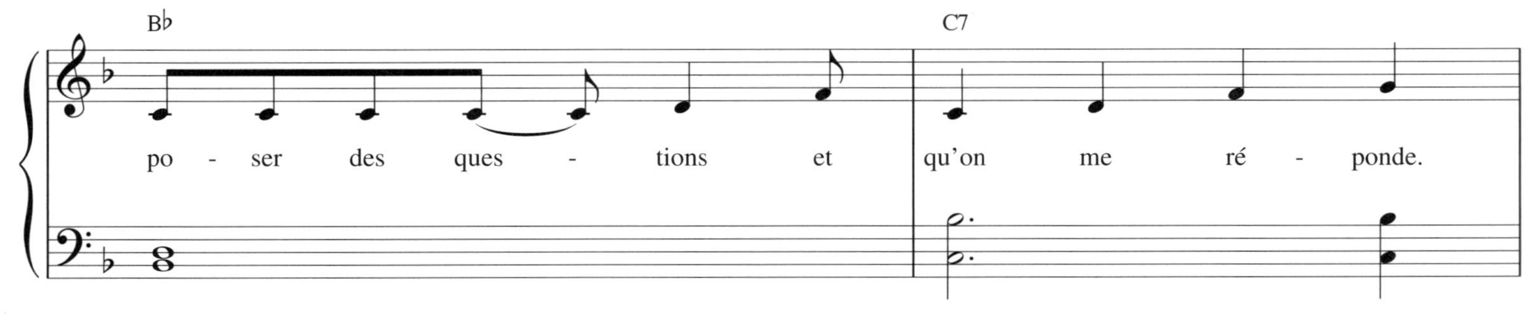

Bb   C7
po - ser des ques - tions et   qu'on me ré - ponde.

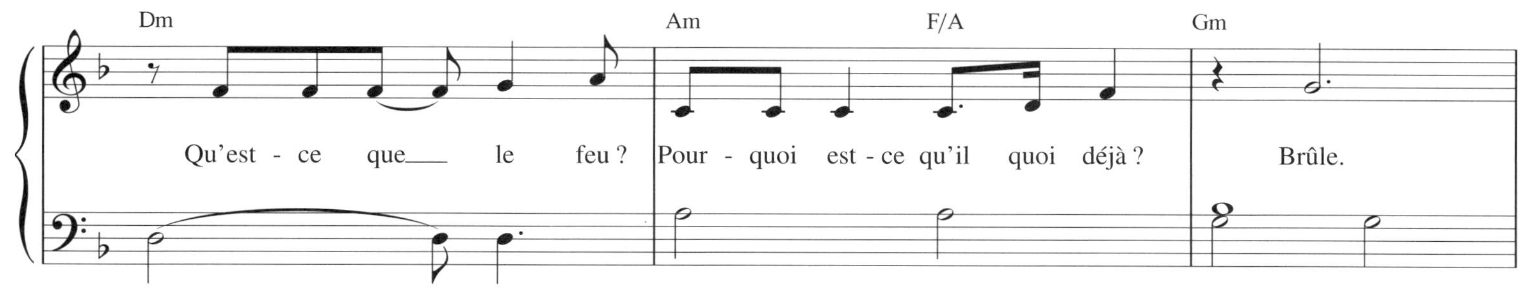

Dm
Am
F/A
Gm
Qu'est - ce que le feu ? Pour - quoi est-ce qu'il quoi déjà ? Brûle.

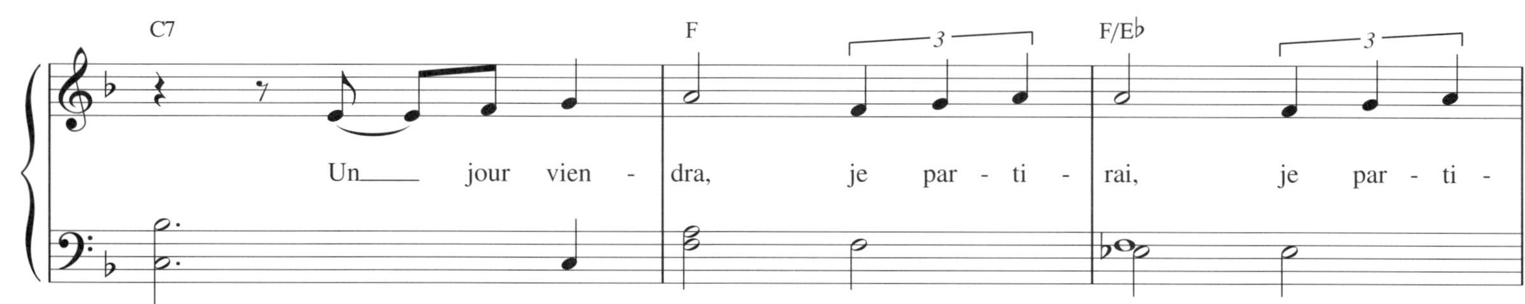

C7
F
3
F/E♭
3
Un jour vien - dra, je par - ti - rai, je par - ti -

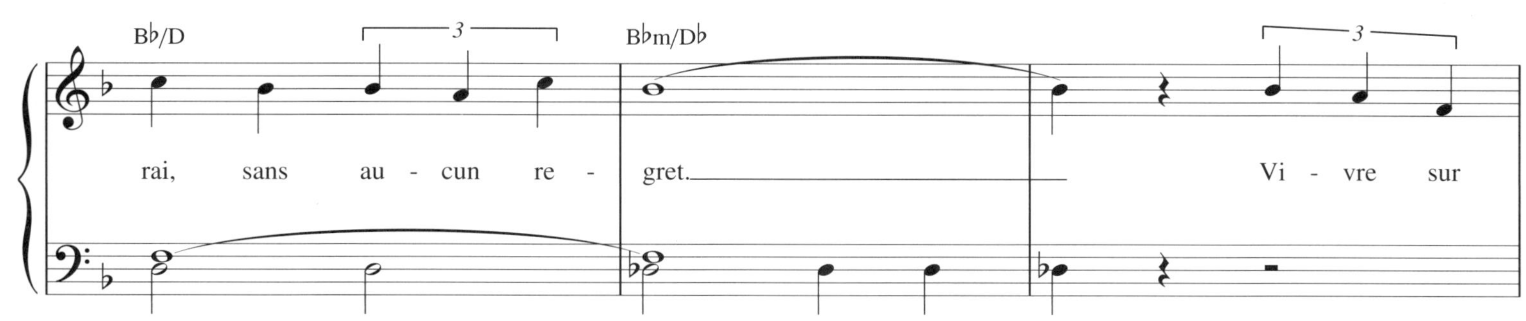

B♭/D
3
B♭m/D♭
3
rai, sans au - cun re - gret. Vi - vre sur

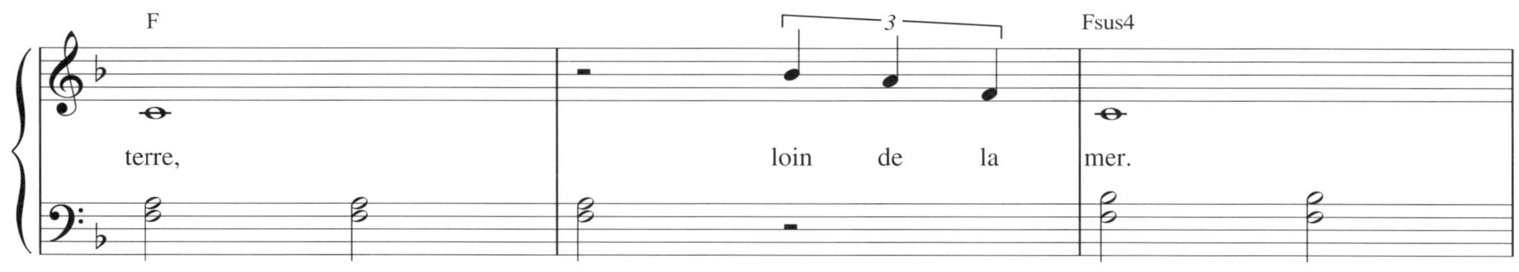

F
3
Fsus4
terre, loin de la mer.

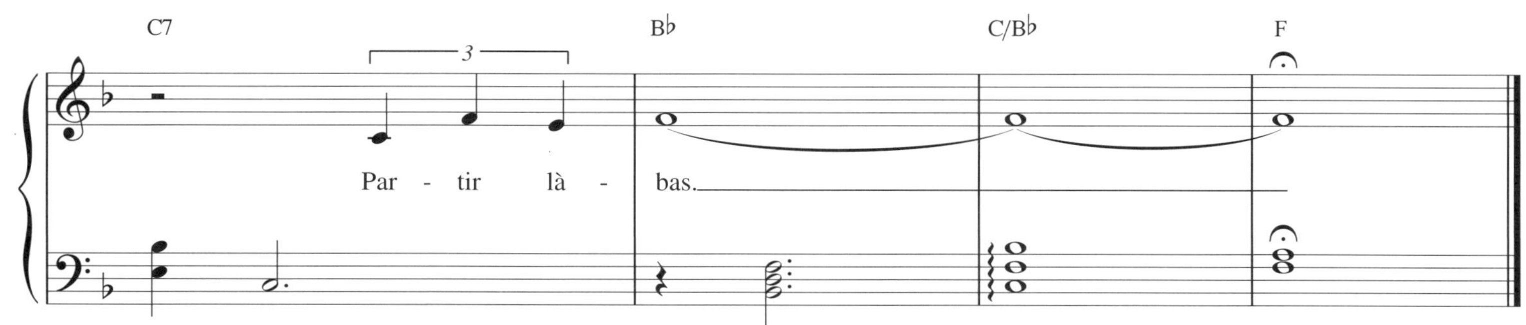

C7
3
B♭
C/B♭
F
Par - tir là - bas.

Quand elle m'aimait

Tiré du film de Walt Disney TOY STORY 2 - A Pixar Film

Musique et paroles de Randy Newman

Paroles françaises de Luc Aulivier

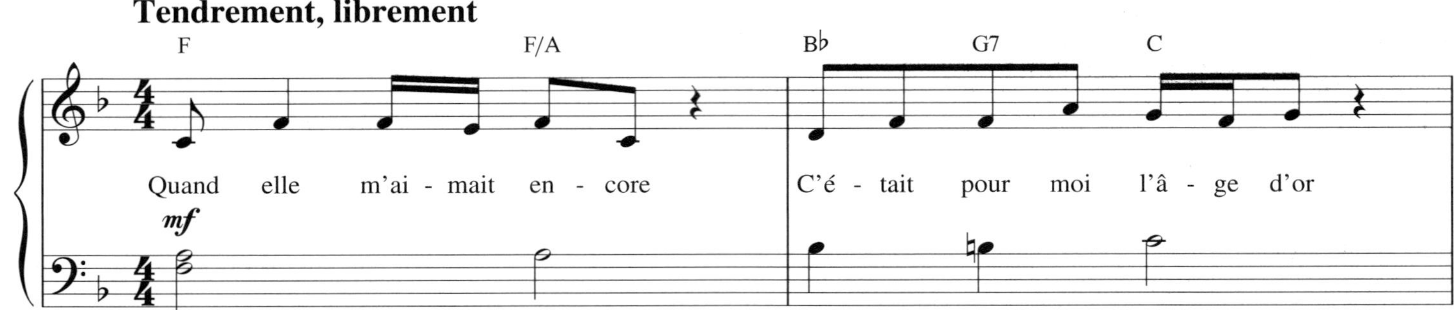

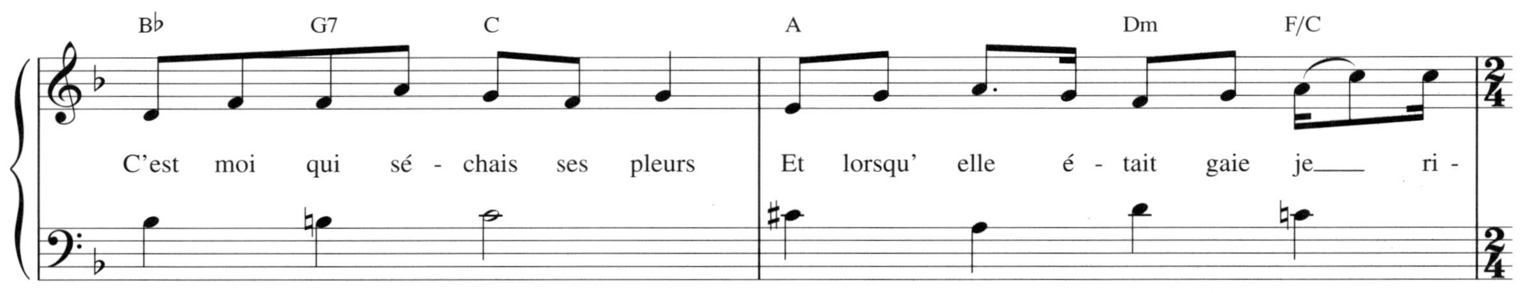

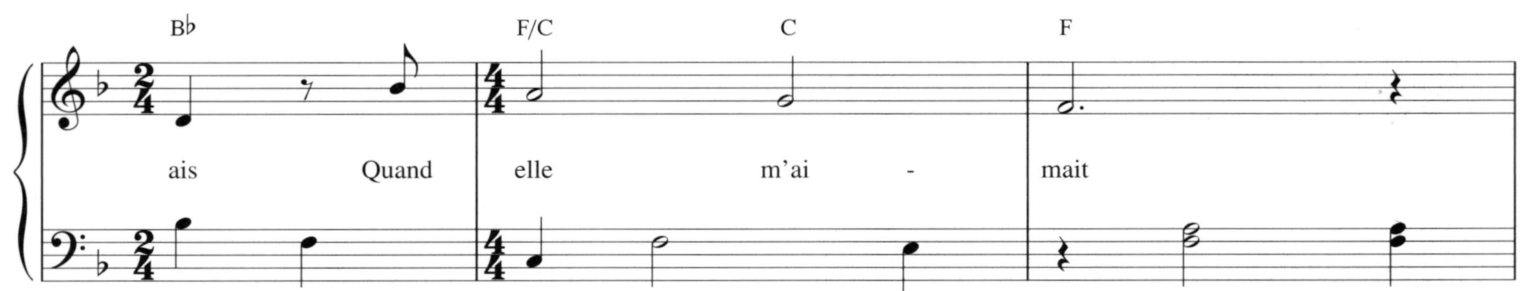

24

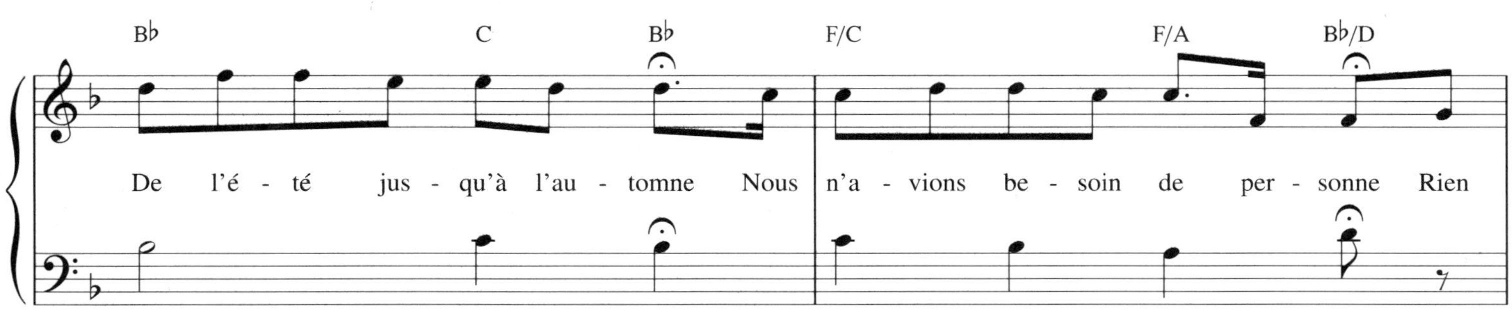

De l'é - té jus - qu'à l'au - tomne Nous n'a - vions be - soin de per - sonne Rien

qu'ell' et moi dans la vie Et c'é - tait bien ain - si.

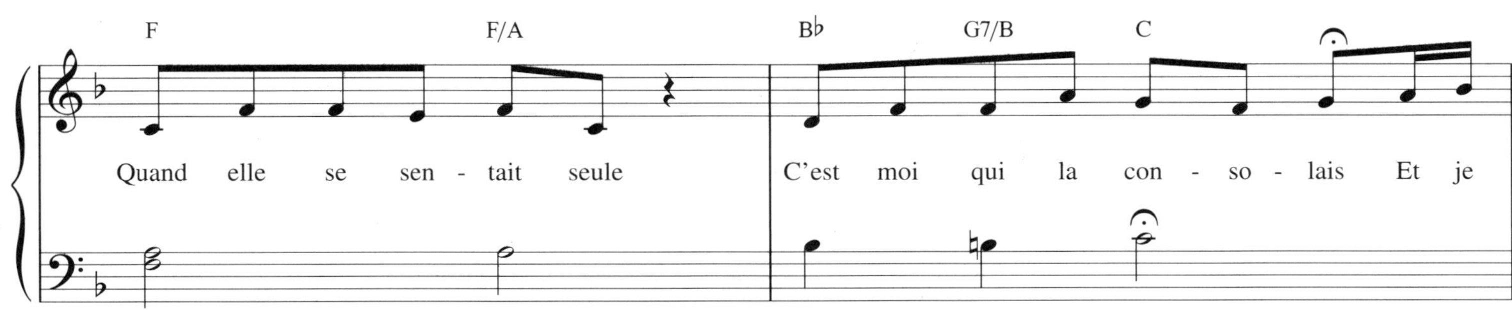

Quand elle se sen - tait seule C'est moi qui la con - so - lais Et je

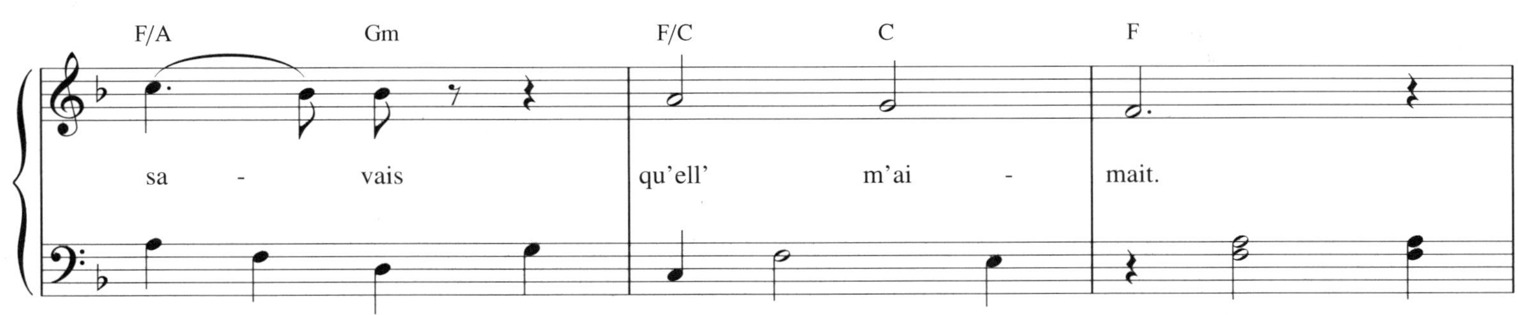

sa - vais qu'ell' m'ai - mait.

Le temps a pas - sé je suis la même Mais

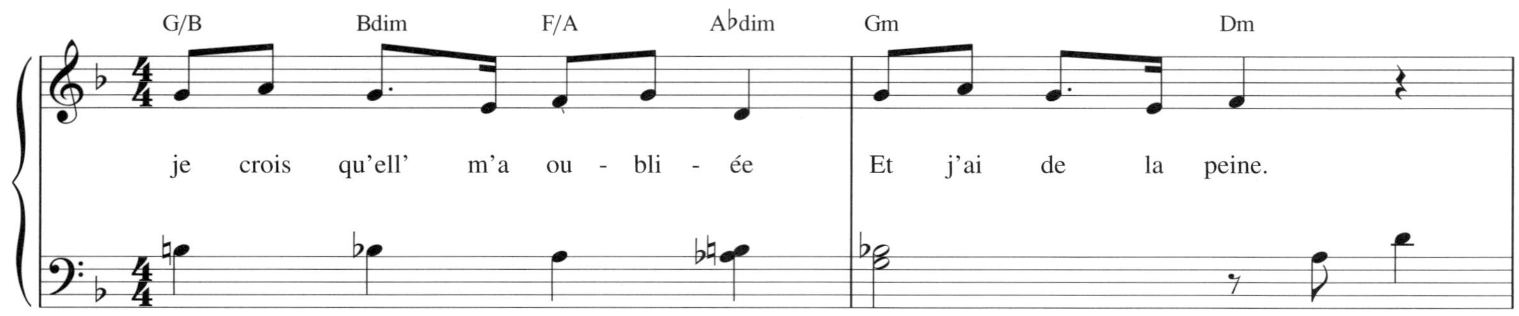

G/B   Bdim   F/A   Abdim   Gm   Dm
je crois qu'ell' m'a ou - bli - ée   Et j'ai de la peine.

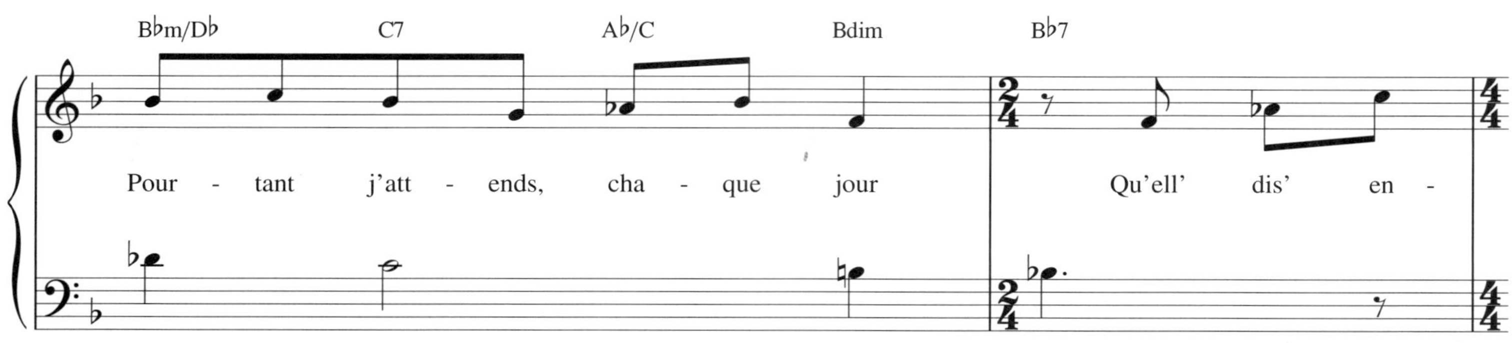

Bbm/Db   C7   Ab/C   Bdim   Bb7
Pour - tant j'att - ends, cha - que jour   Qu'ell' dis' en -

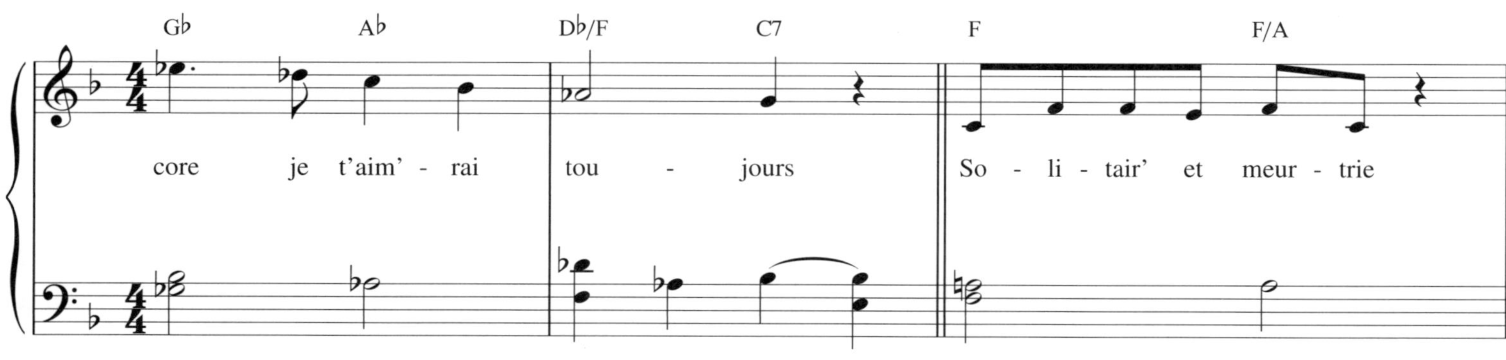

Gb   Ab   Db/F   C7   F   F/A
core je t'aim' - rai tou - jours   So - li - tair' et meur - trie

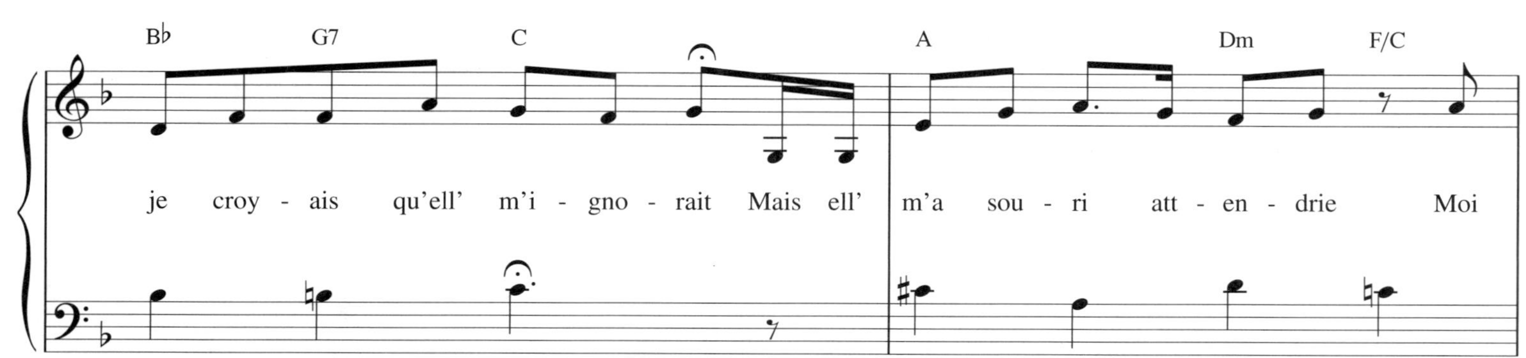

Bb   G7   C   A   Dm   F/C
je croy - ais qu'ell' m'i - gno - rait Mais ell' m'a sou - ri att - en - drie   Moi

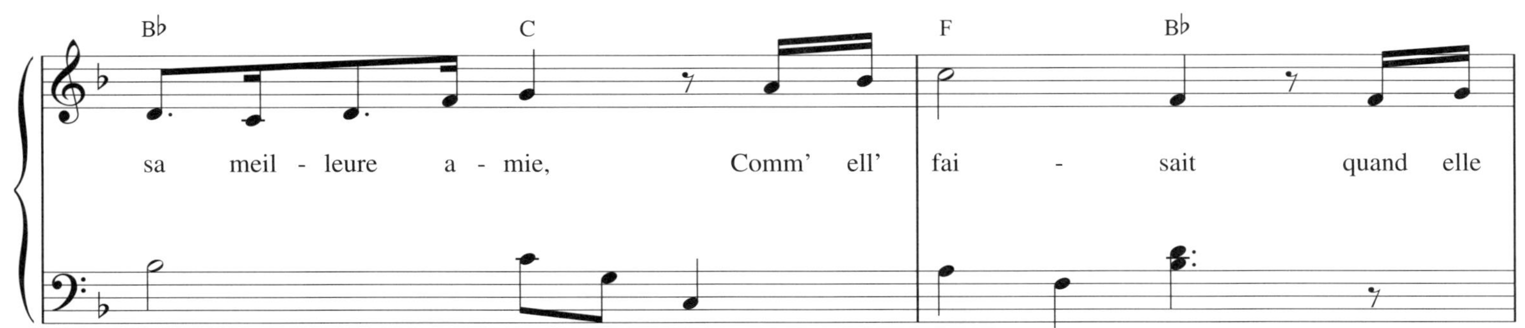

Bb   C   F   Bb
sa meil - leure a - mie,   Comm' ell' fai - sait quand elle

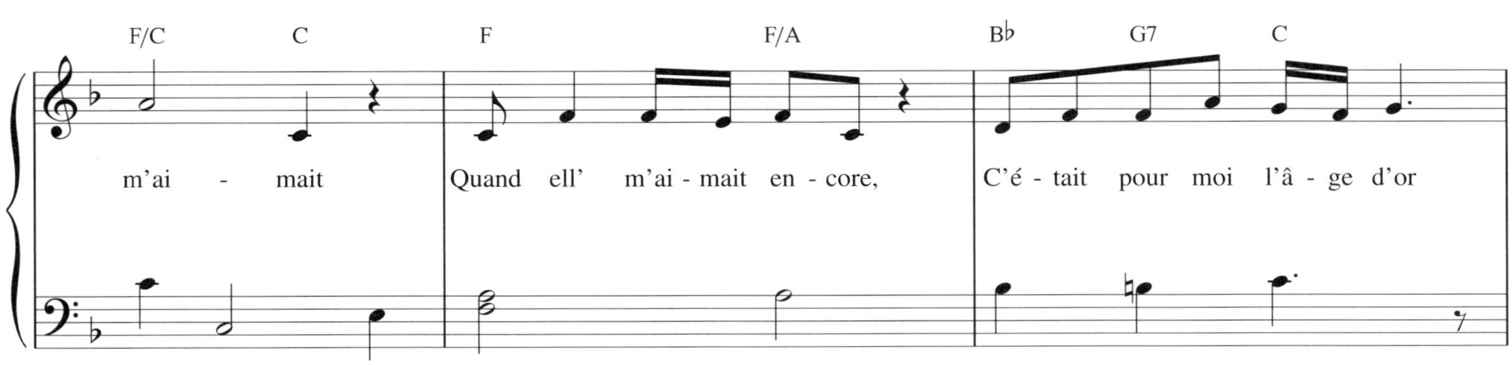

F/C   C   F   F/A   Bb   G7   C
m'ai - mait   Quand ell' m'ai - mait en - core,   C'é - tait pour moi l'â - ge d'or

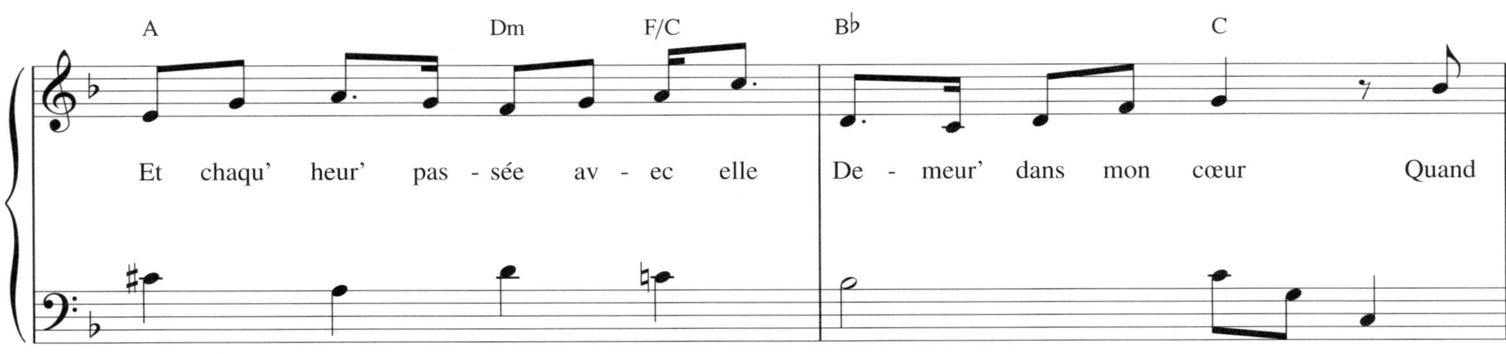

A   Dm   F/C   Bb   C
Et chaqu' heur' pas - sée av - ec elle   De - meur' dans mon cœur   Quand

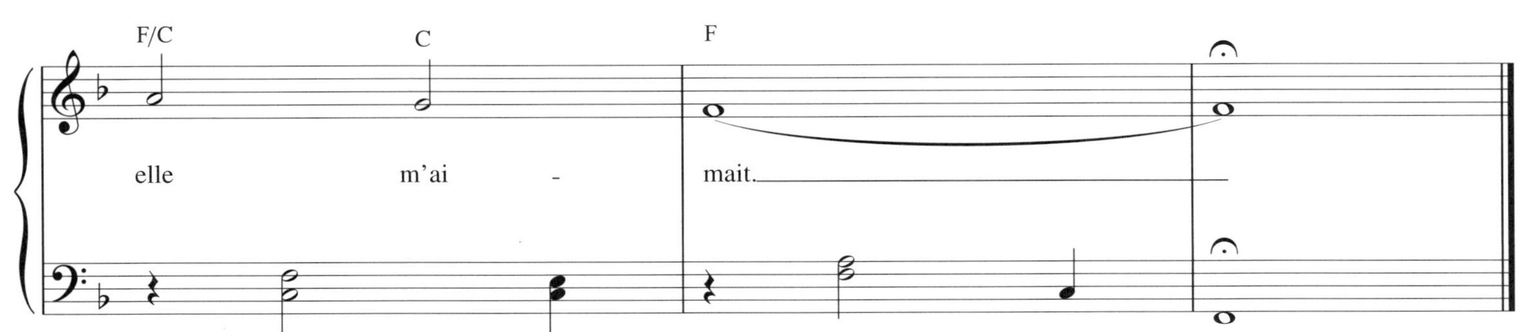

F/C   C   F
elle   m'ai -   mait.

Réflexion

Tiré du film de Walt Disney MULAN
Musique de Matthew Wilder
Paroles de David Zippel
Paroles françaises de Luc Aulivier

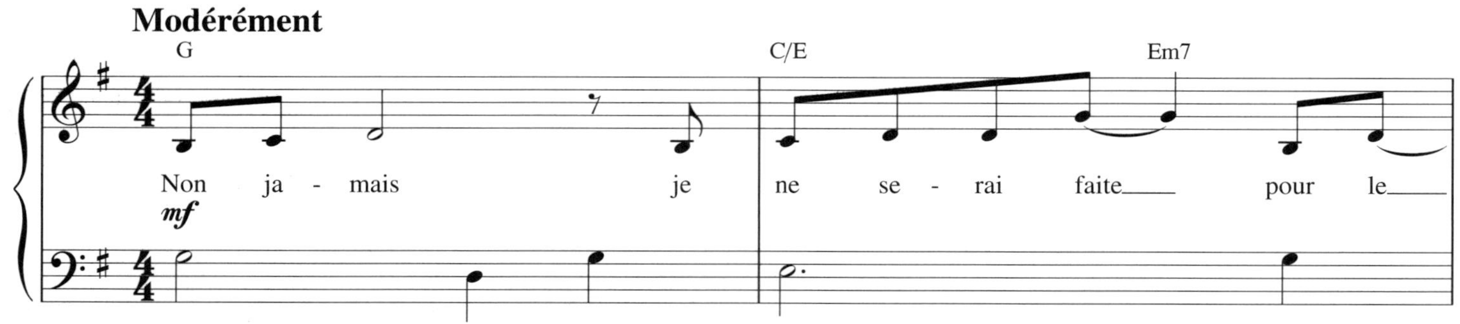

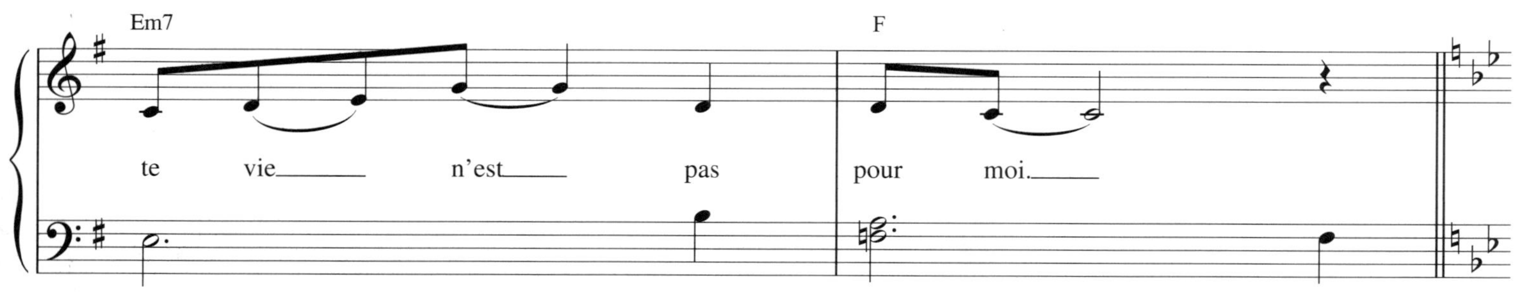

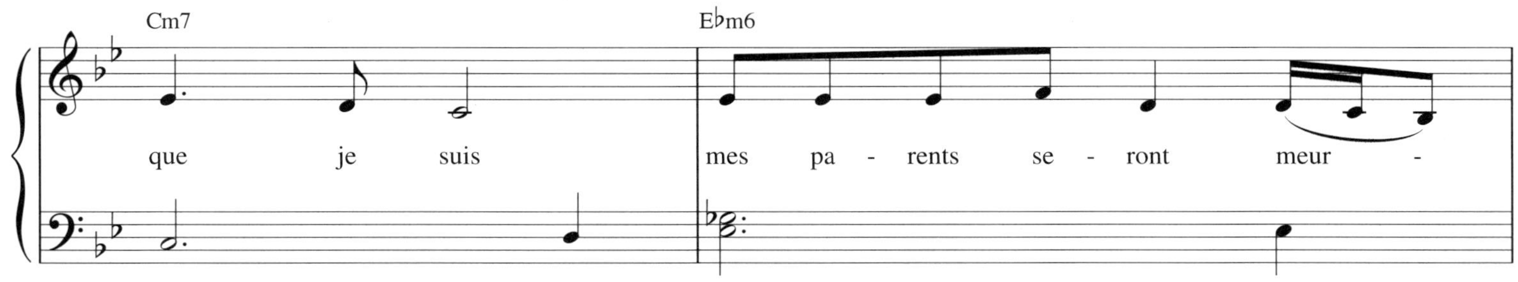

Cm7
Ebm6
que je suis mes pa - rents se - ront meur -

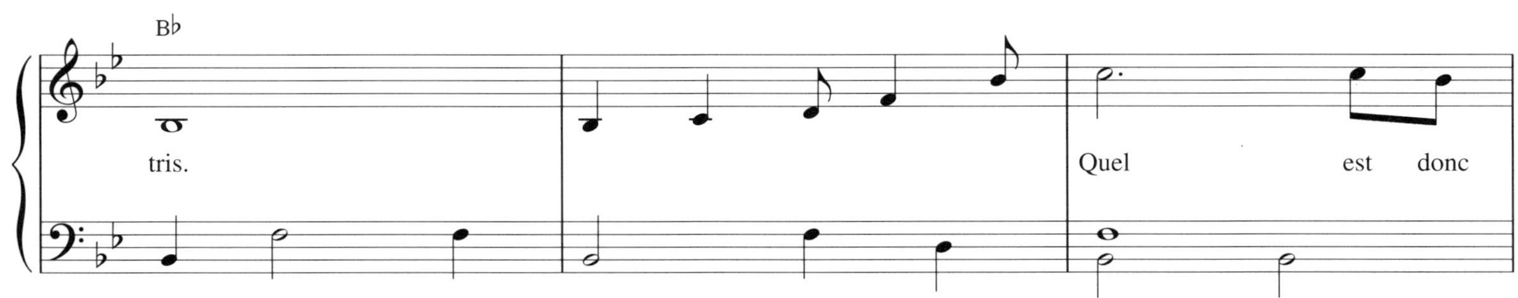

Bb
tris. Quel est donc

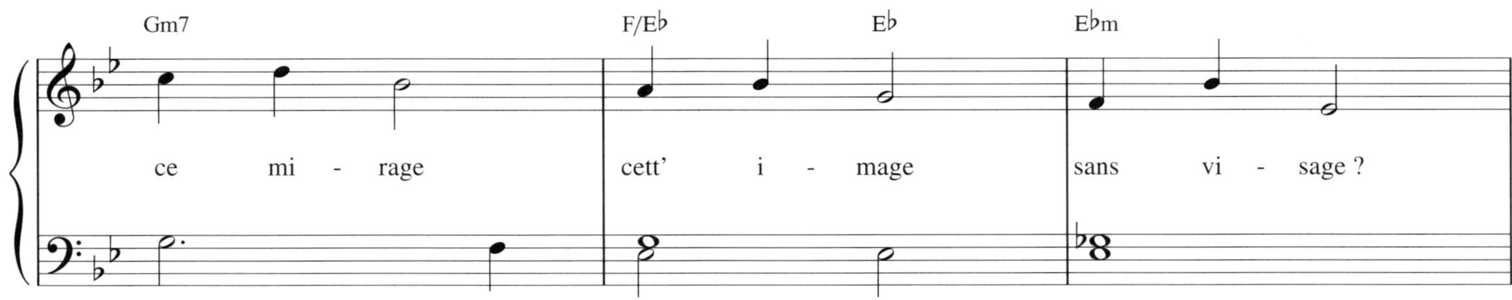

Gm7
F/Eb
Eb
Ebm
ce mi - rage cett' i - mage sans vi - sage ?

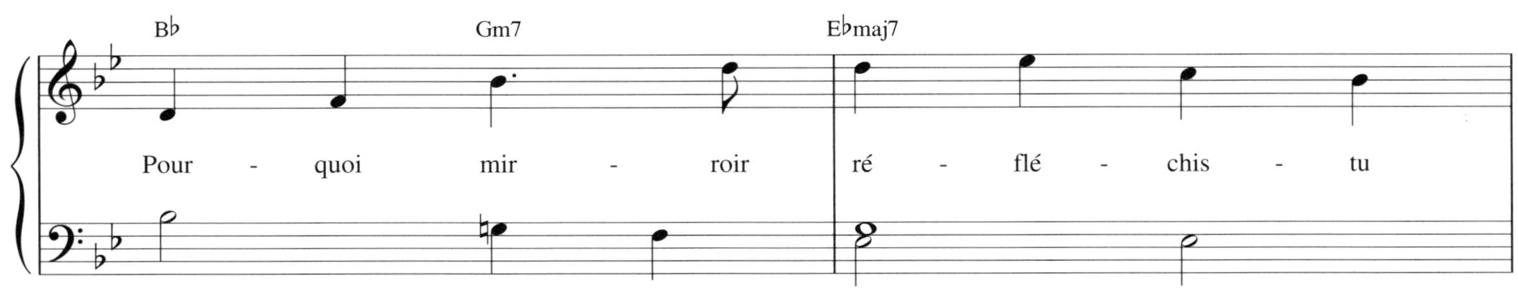

Bb
Gm7
Ebmaj7
Pour - quoi mir - roir ré - flé - chis - tu

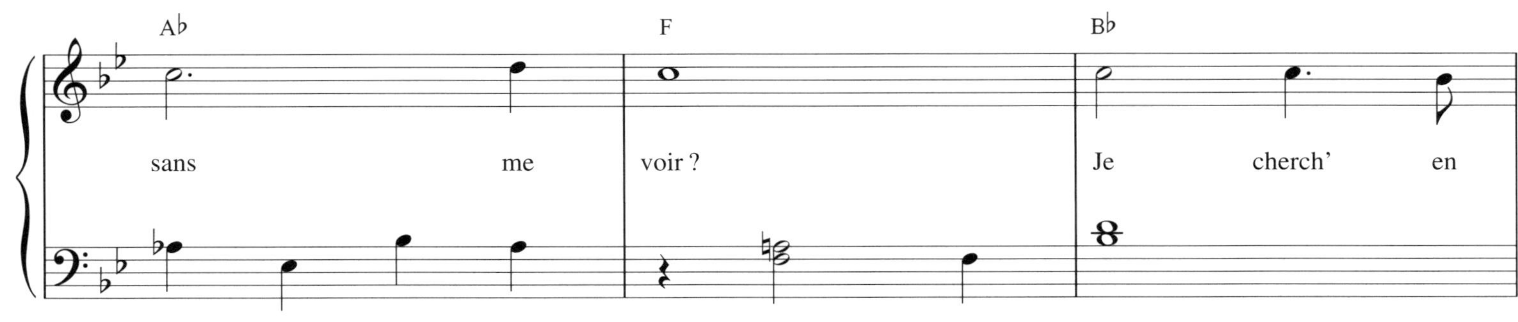

Ab
F
Bb
sans me voir ? Je cherch' en

Gm7   F/Eb   Eb
ma mé - moire   qui je suis

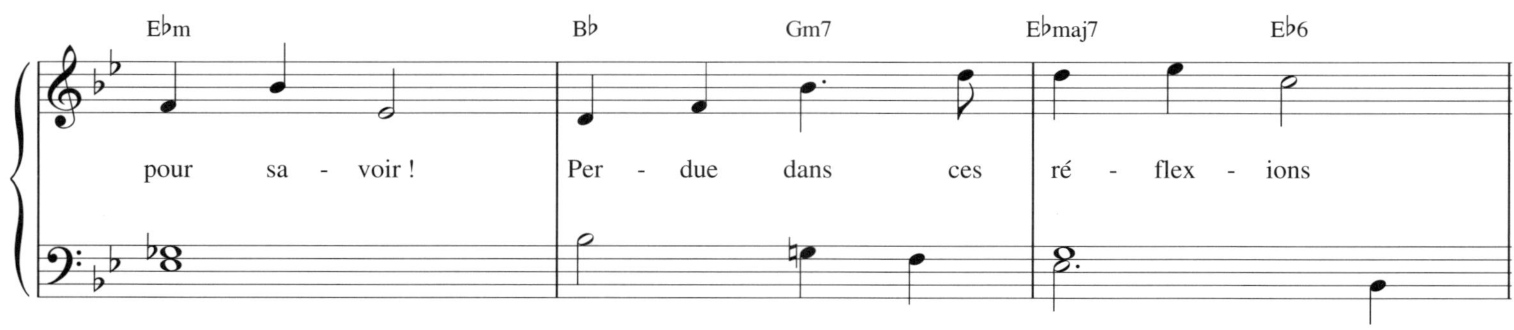

Ebm   Bb   Gm7   Ebmaj7   Eb6
pour sa - voir !   Per - due dans ces ré - flex - ions

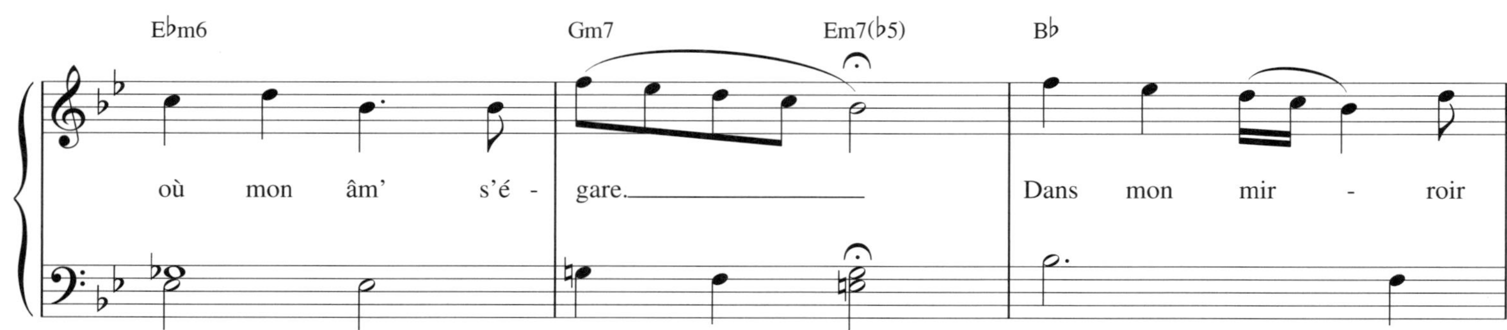

Ebm6   Gm7   Em7(b5)   Bb
où mon âm' s'é - gare.   Dans mon mir - roir

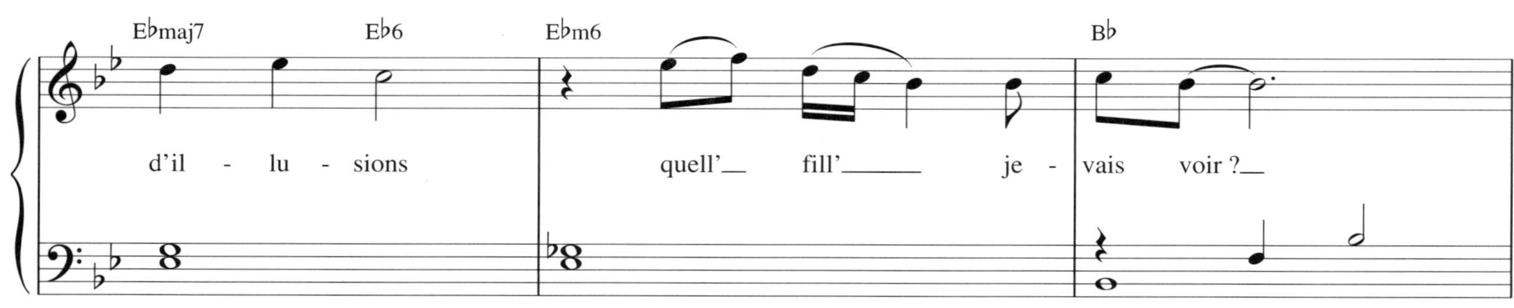

Ebmaj7   Eb6   Ebm6   Bb
d'il - lu - sions   quell'_ fill'____ je - vais voir ?_

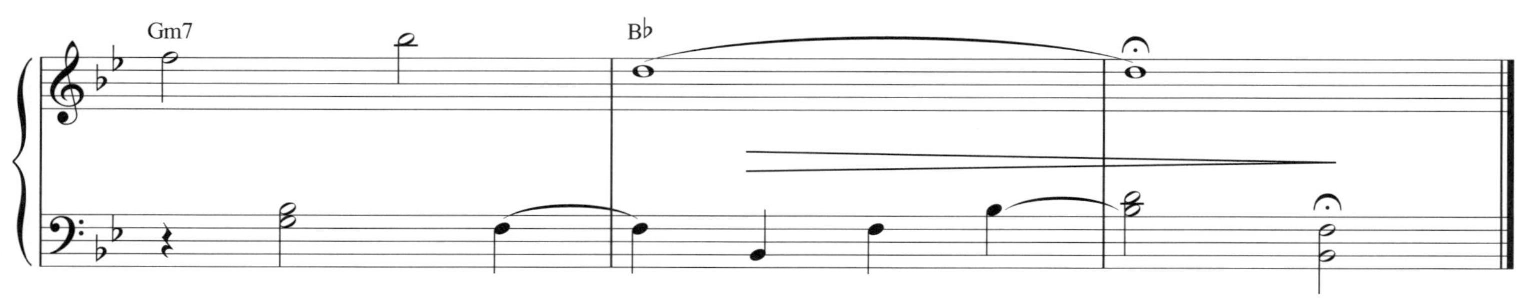

Gm7   Bb

Ce rêve bleu

Tiré du film de Walt Disney ALADDIN

Musique de Alan Menken
Paroles de Tim Rice
Paroles françaises de Philippe Videcoq et Luc Aulivier

Modérément

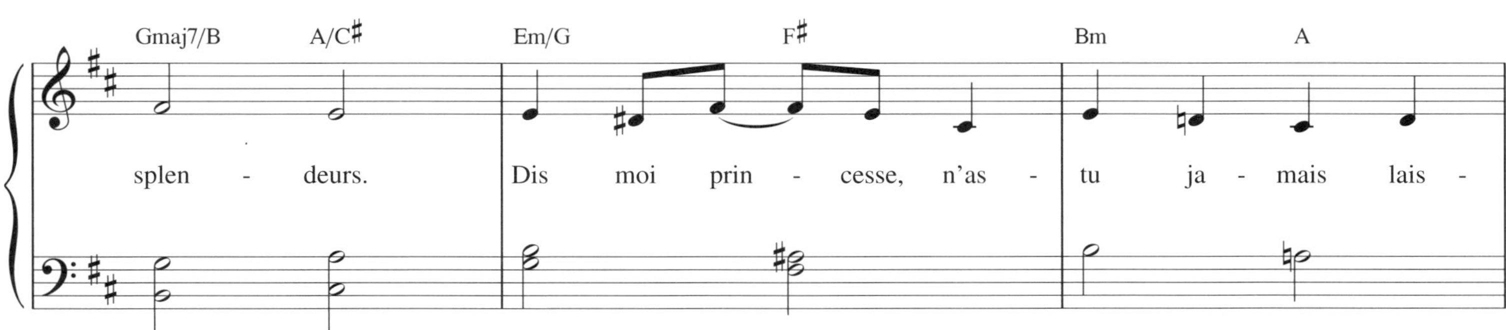

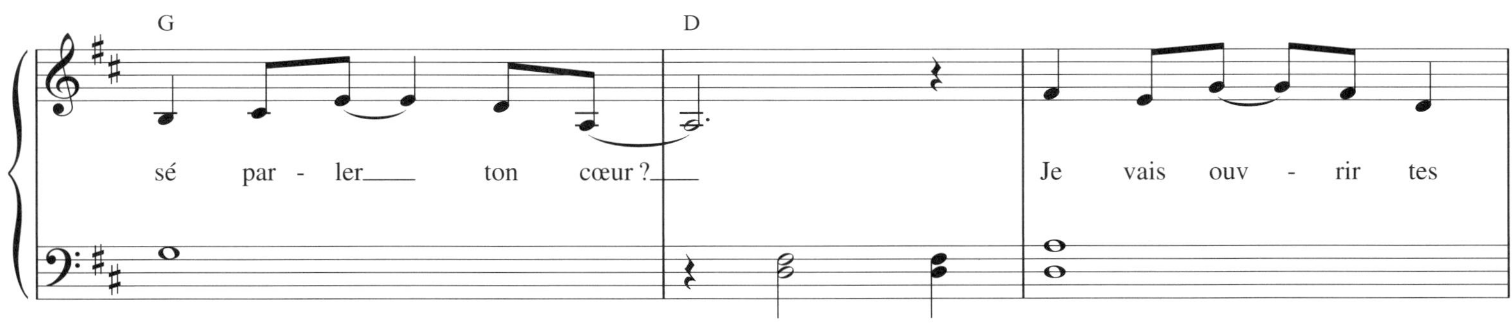

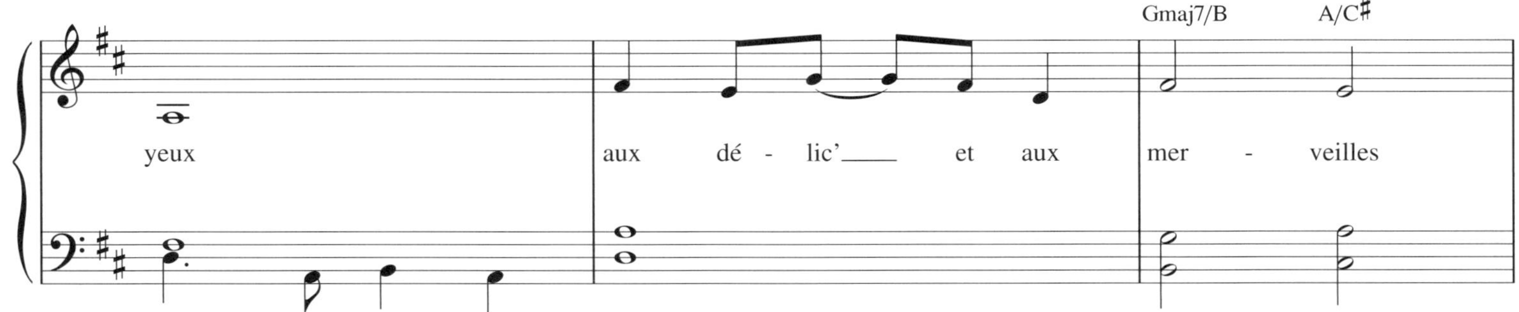

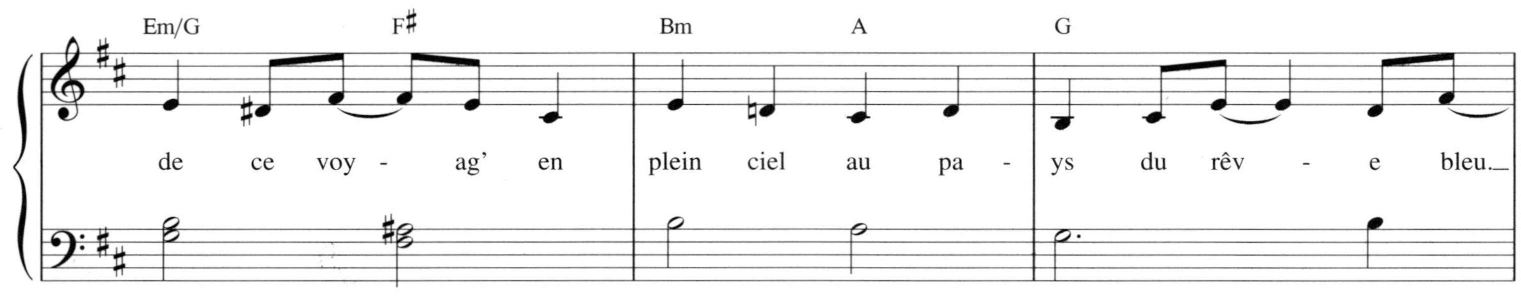
de ce voy - ag' en plein ciel au pa - ys du rêv - e bleu.

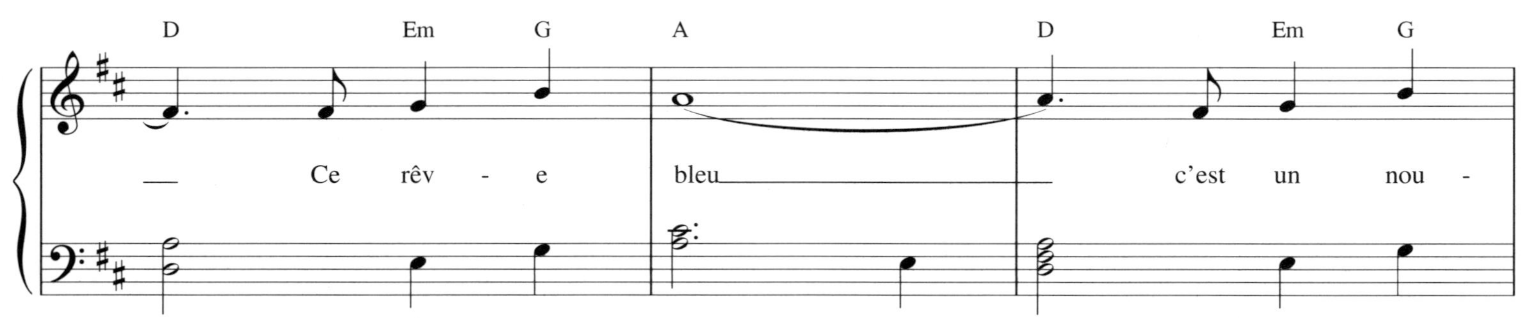
Ce rêv - e bleu c'est un nou -

veau mond' en cou - leur où per - sonne ne nous dit, c'est

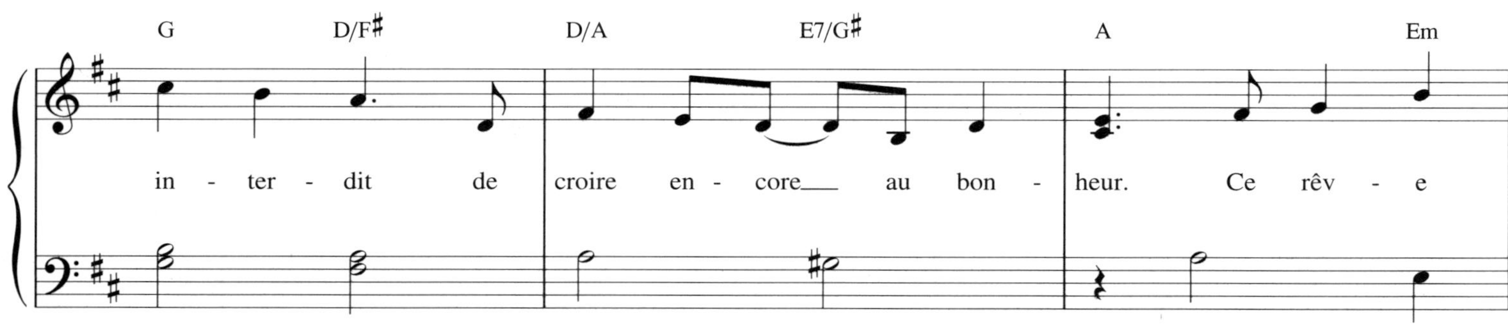
in - ter - dit de croire en - core au bon - heur. Ce rêv - e

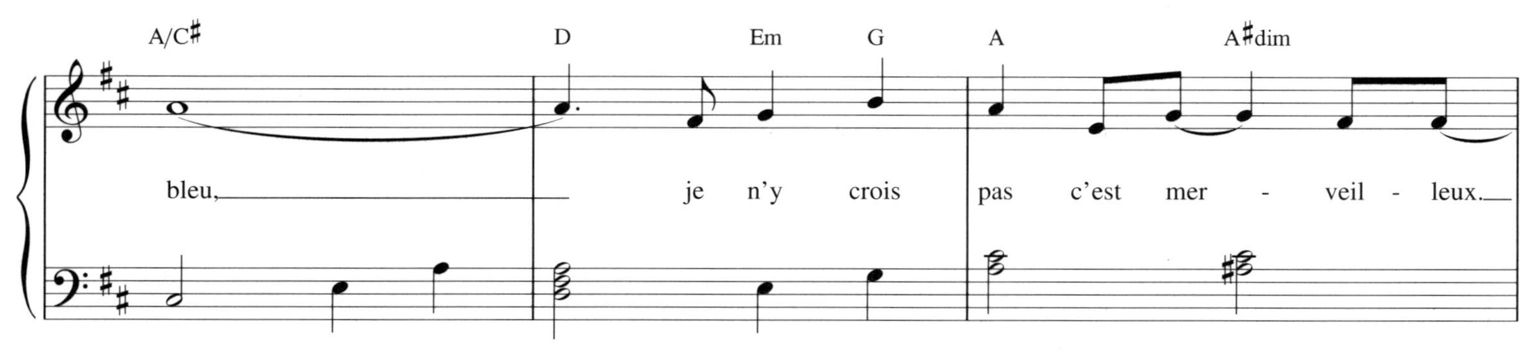
bleu, je n'y crois pas c'est mer - veil - leux.

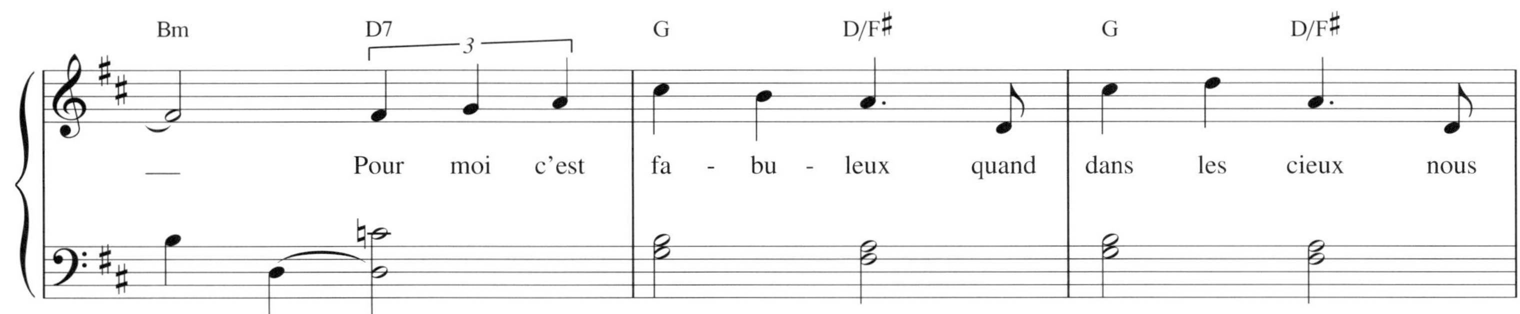

Bm   D7   G   D/F#   G   D/F#
Pour moi c'est fa - bu - leux quand dans les cieux nous

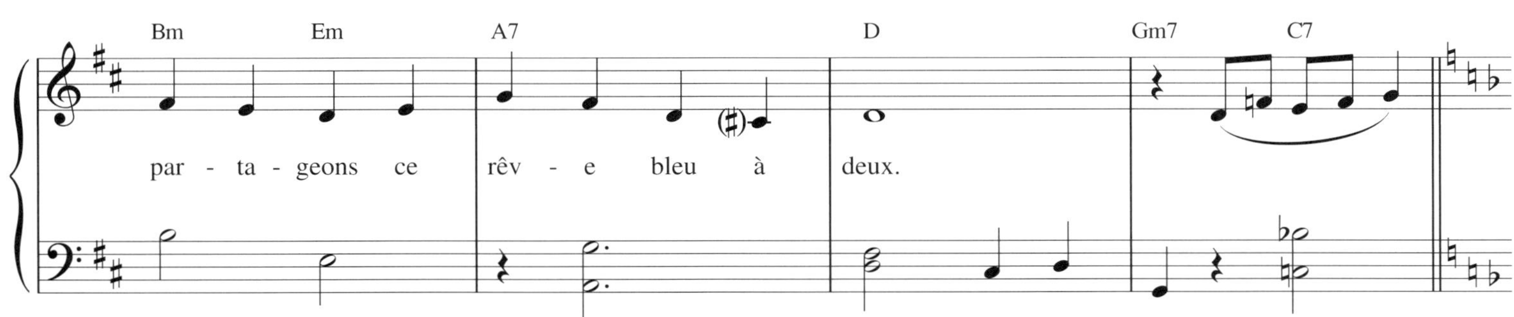

Bm   Em   A7   D   Gm7   C7
par - ta - geons ce rêv - e bleu à deux.

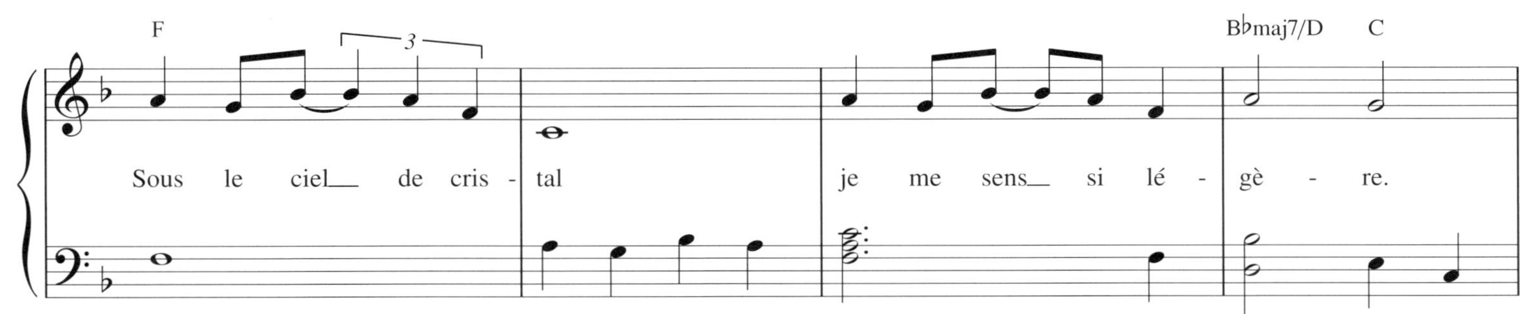

F   Bbmaj7/D   C
Sous le ciel de cris - tal   je me sens si lé - gè - re.

Gm/Bb   A   Dm   Bb
Je vir', dé - lir' et cha - vir' dans un o - cé - an d'é -

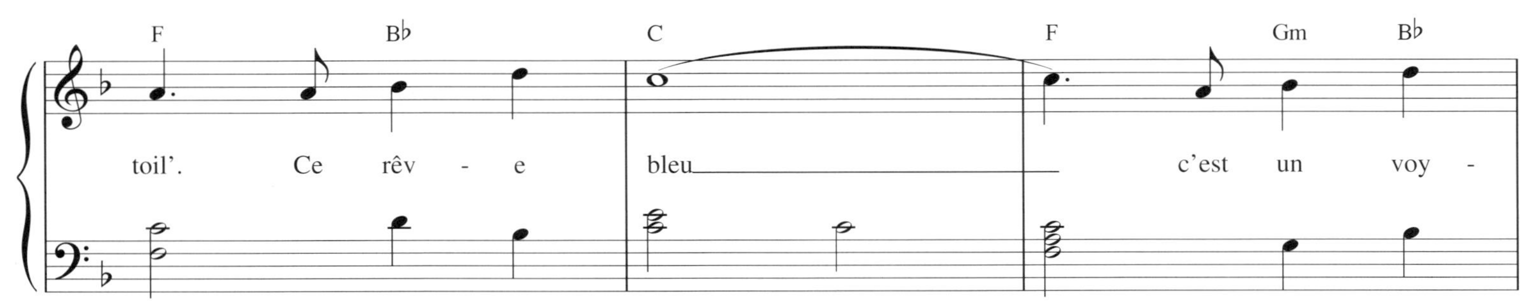

F   Bb   C   F   Gm   Bb
toil'. Ce rêv - e bleu c'est un voy -

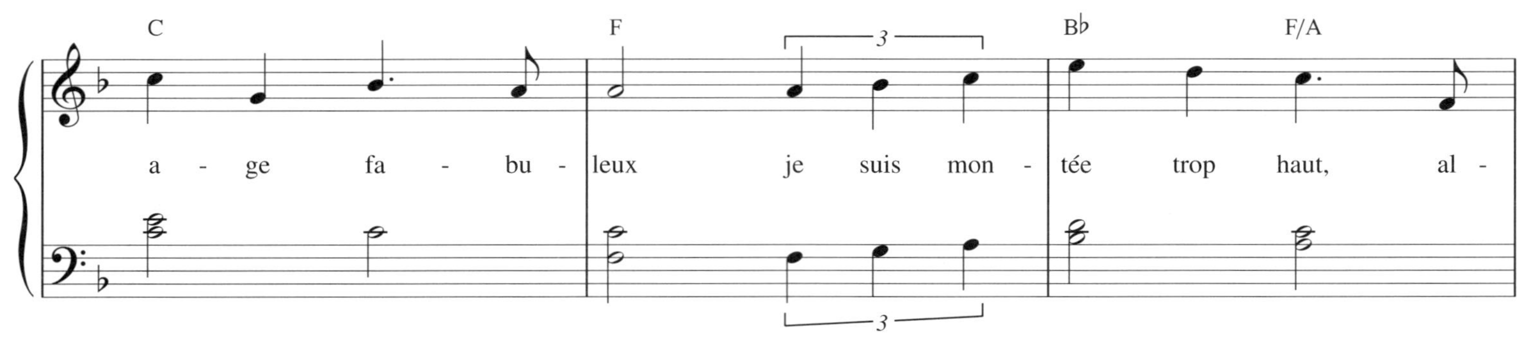

C   F   Bb   F/A
a - ge fa - bu - leux je suis mon - tée trop haut, al -

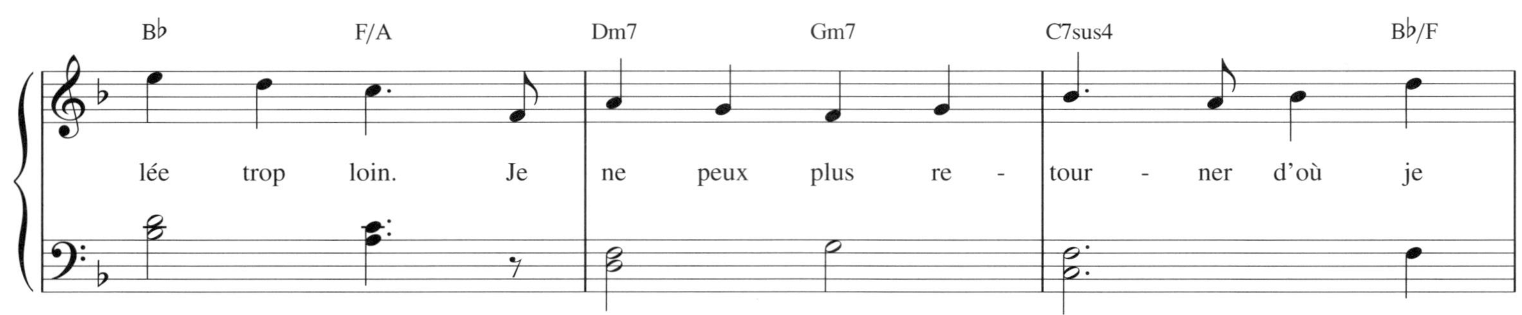

Bb   F/A   Dm7   Gm7   C7sus4   Bb/F
lée trop loin. Je ne peux plus re - tour - ner d'où je

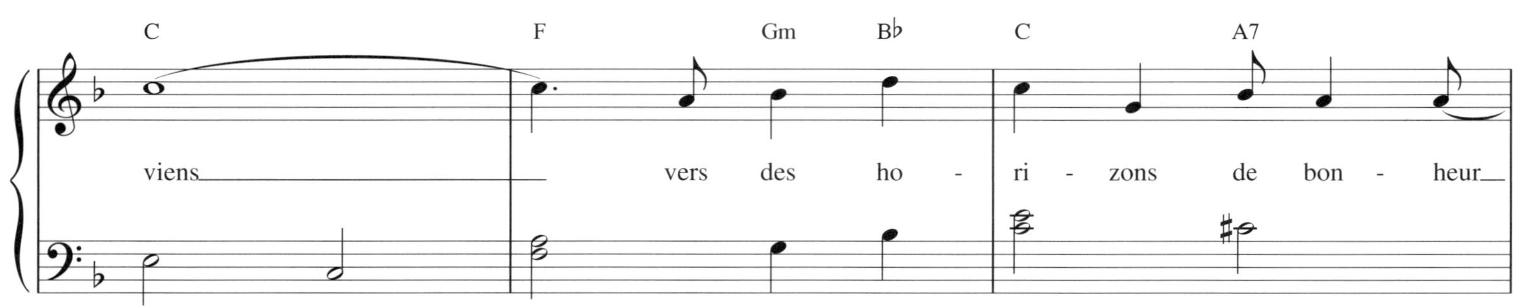

C   F   Gm   Bb   C   A7
viens vers des ho - ri - zons de bon - heur

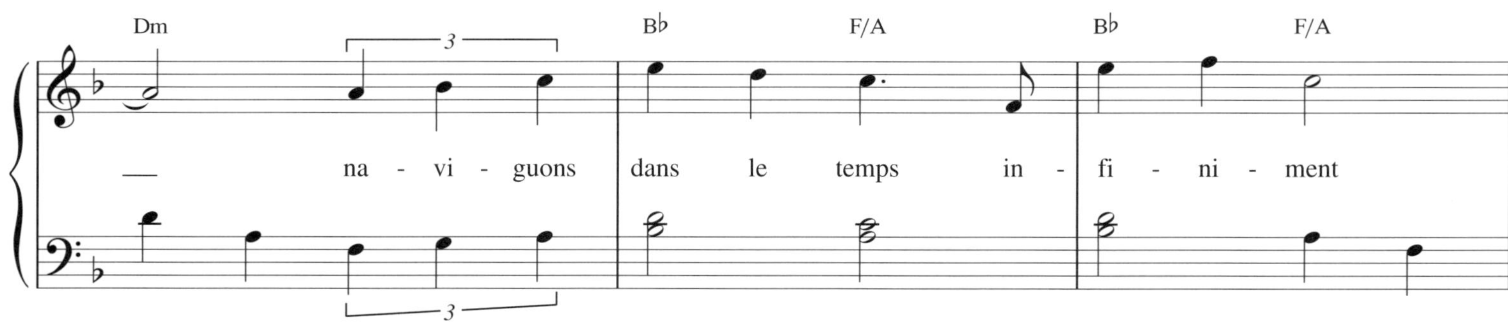

Dm   Bb   F/A   Bb   F/A
na - vi - guons dans le temps in - fi - ni - ment

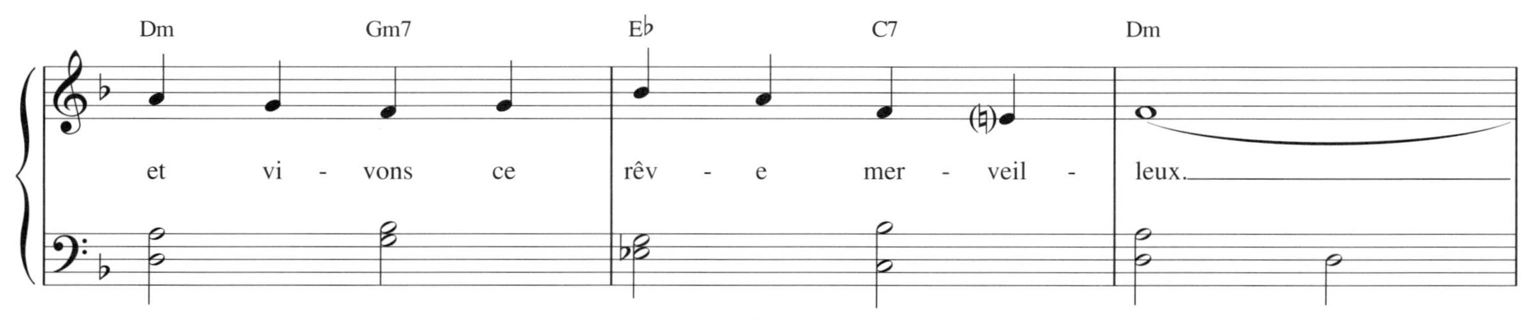

Dm   Gm7   Eb   C7   Dm
et vi - vons ce rêv - e mer - veil - leux.

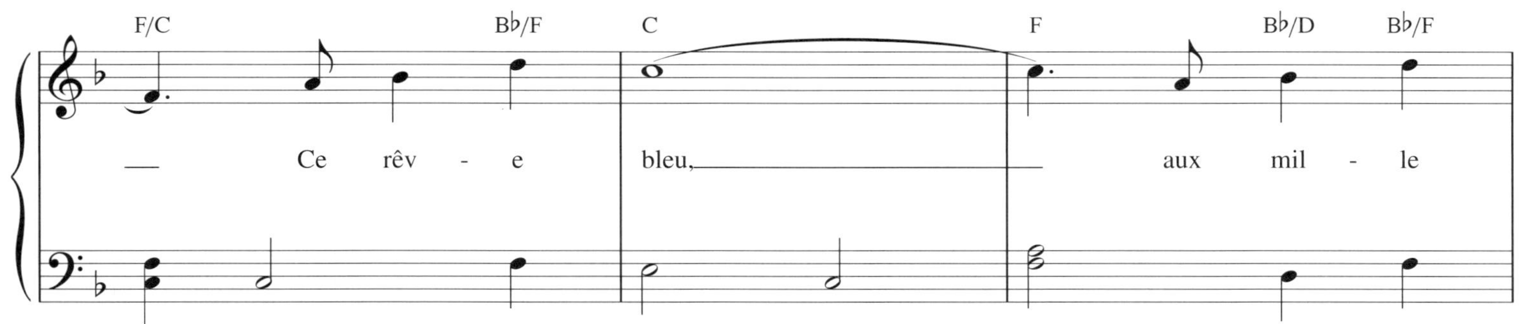

F/C   Bb/F   C   F   Bb/D   Bb/F
Ce rêv - e bleu, aux mil - le

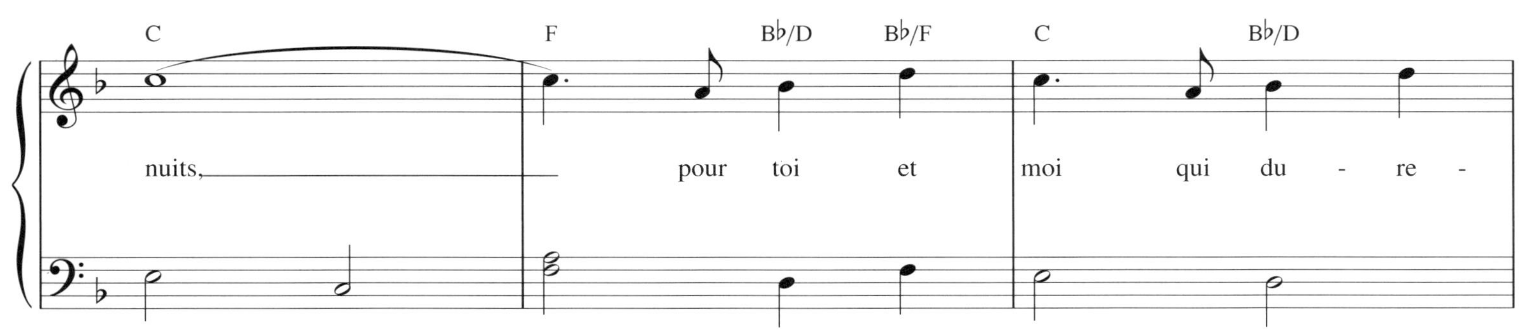

C   F   Bb/D   Bb/F   C   Bb/D
nuits, pour toi et moi qui du - re -

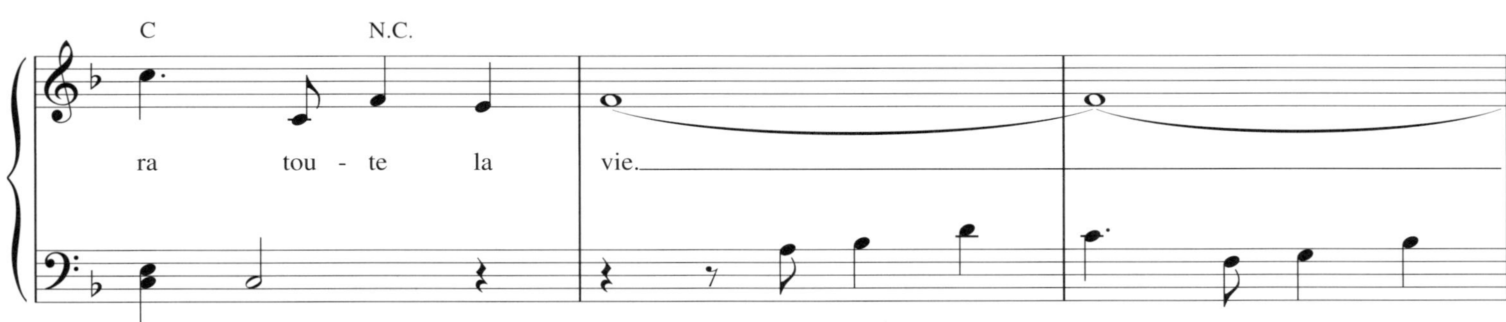

C   N.C.
ra tou - te la vie.

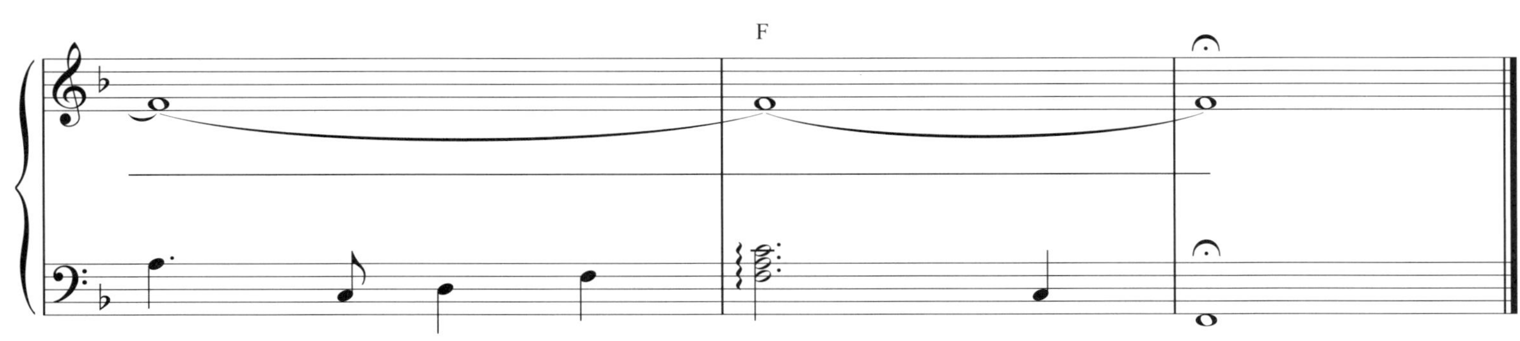

F

Supercalifragilisticexpidelilicieux

Tiré du film de Walt Disney MARY POPPINS

Paroles et Musique de Richard M. Sherman et Robert B. Sherman
Paroles françaises de René Lucades

Jovialement

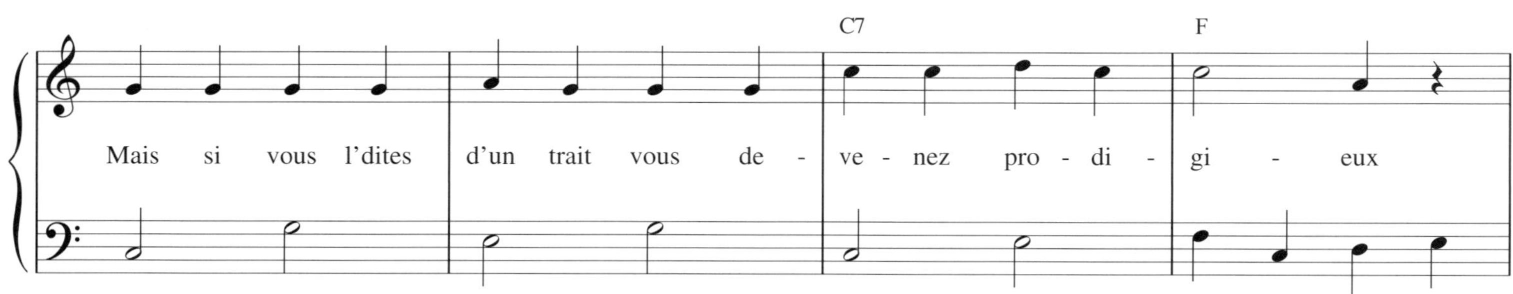

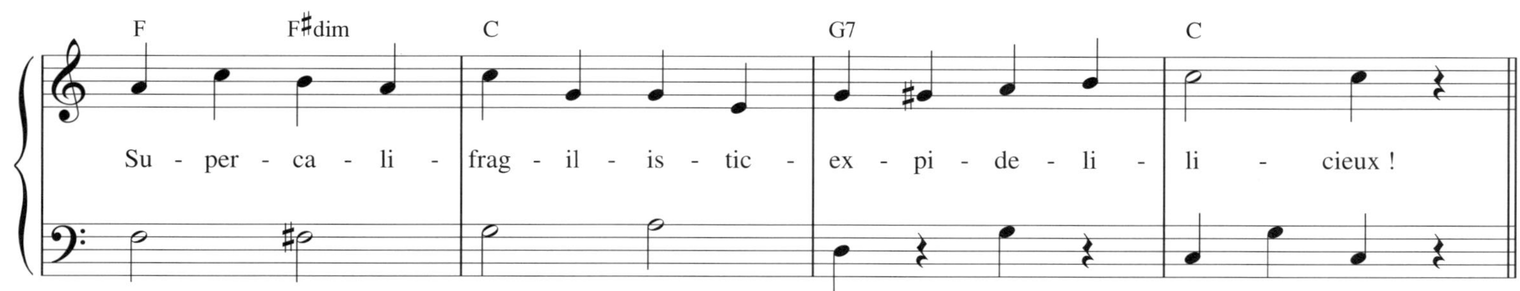

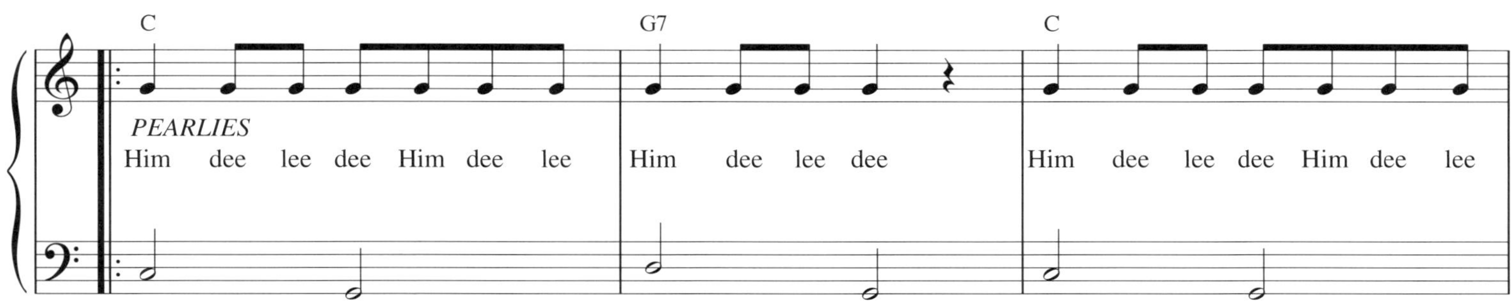

C
G7
C
PEARLIES
Him dee lee dee Him dee lee
Him dee lee dee
Him dee lee dee Him dee lee

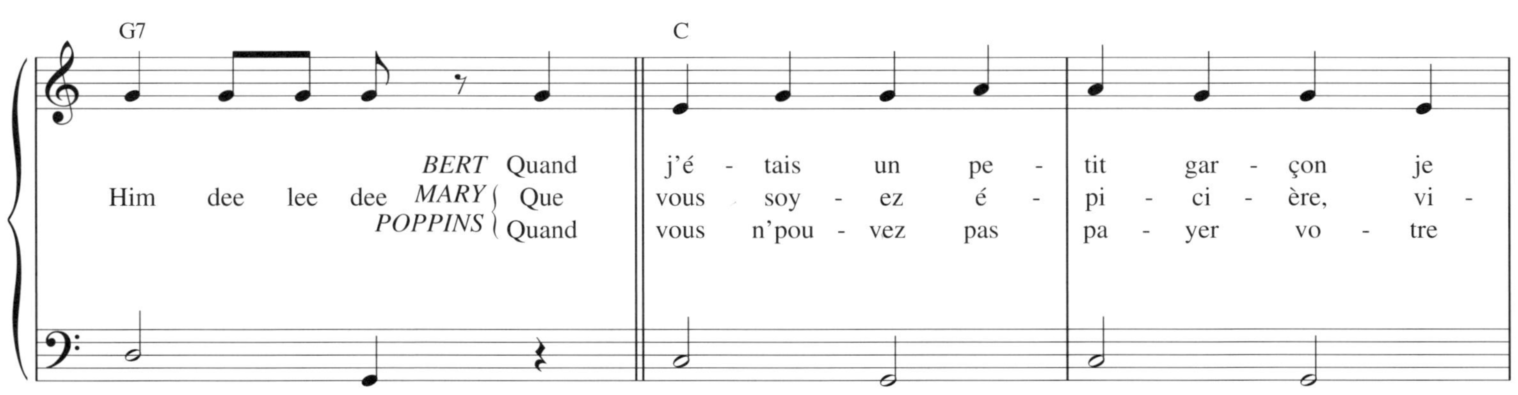

G7
C
Him dee lee dee
BERT { Quand   j'é - tais un pe - tit gar - çon je
MARY { Que   vous soy - ez é - pi - ci - ère, vi -
POPPINS { Quand   vous n'pou - vez pas pa - yer vo - tre

C#dim
G7
bé - gay - ais sans cesse   Mon pa - pa me
com - tesse ou douai - rière   Ma - rie - Chan - tal
tiers pro - vi - sion - nel   Vous al - lez voir

C
con - dui - sit chez   u - ne doc - to - resse
ou Gi - gi la   fille d'la pâ - tis - sière
l'ins - pec - teur et   d'un air spi - ri - tuel   BERT { Vous

C7
Qui pour co - co - cor - ri - ger cette in - fime mal - a -
Ce mot pro - non - cé d'un coup fait tom - ber les bar -
lui dites j'vais vous ap - prendre un mot con - sti - tu - tion -

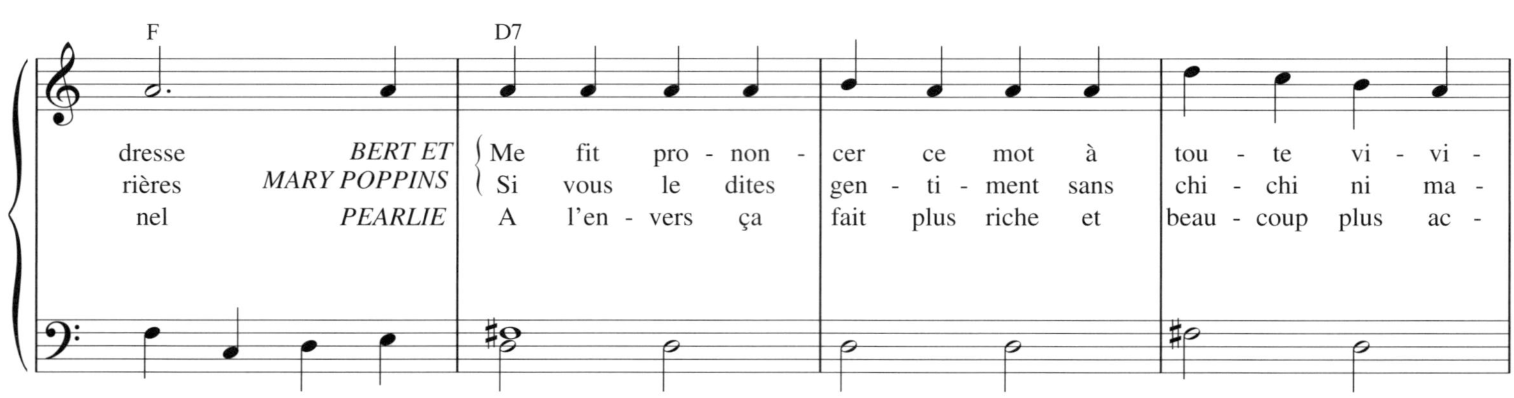
F D7
dresse BERT ET Me fit pro - non - cer ce mot à tou - te vi - vi -
rières MARY POPPINS Si vous le dites gen - ti - ment sans chi - chi ni ma -
nel PEARLIE A l'en - vers ça fait plus riche et beau - coup plus ac -

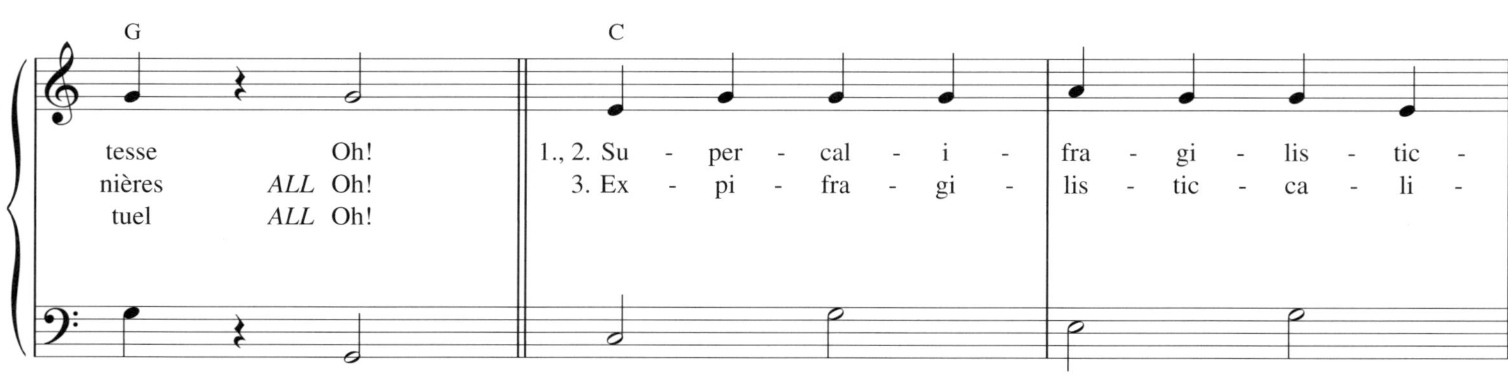
G C
tesse Oh! 1., 2. Su - per - cal - i - fra - gi - lis - tic -
nières ALL Oh! 3. Ex - pi - fra - gi - lis - tic - ca - li -
tuel ALL Oh!

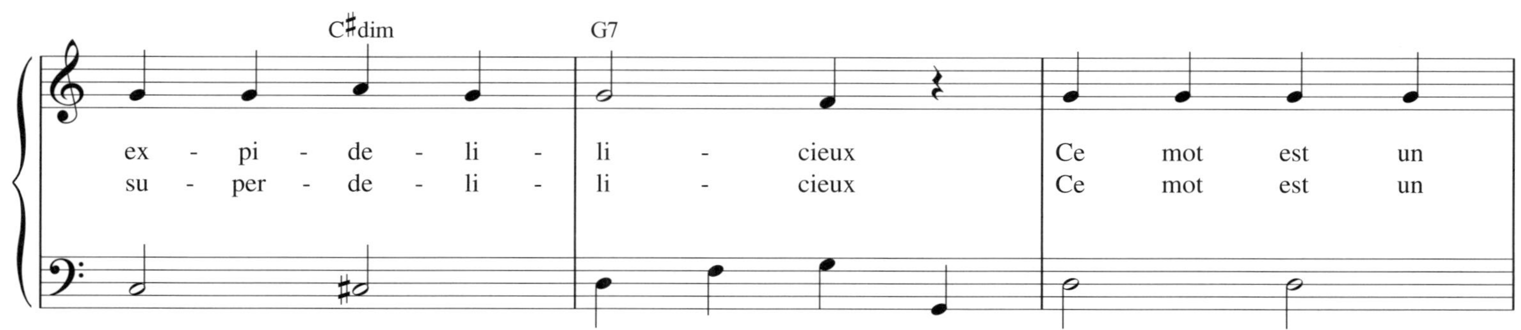
C#dim G7
ex - pi - de - li - li - cieux Ce mot est un
su - per - de - li - li - cieux Ce mot est un

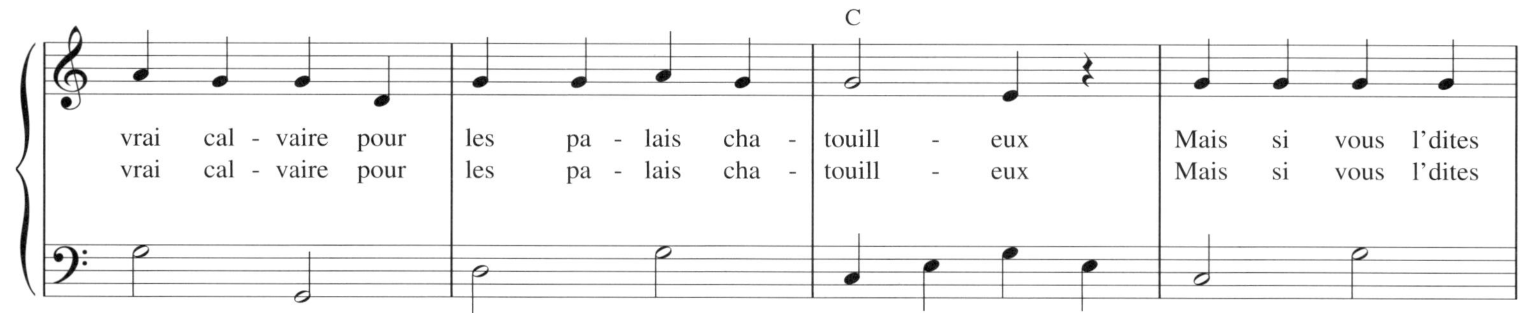

C
vrai cal - vaire pour les pa - lais cha - touill - eux Mais si vous l'dites
vrai cal - vaire pour les pa - lais cha - touill - eux Mais si vous l'dites

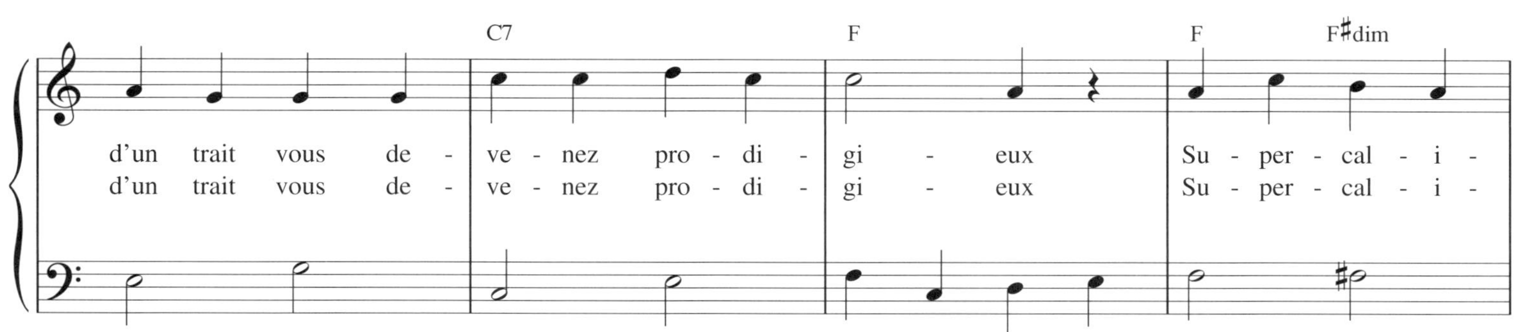

C7
F
F   F#dim
d'un trait vous de - ve - nez pro - di - gi - eux Su - per - cal - i -
d'un trait vous de - ve - nez pro - di - gi - eux Su - per - cal - i -

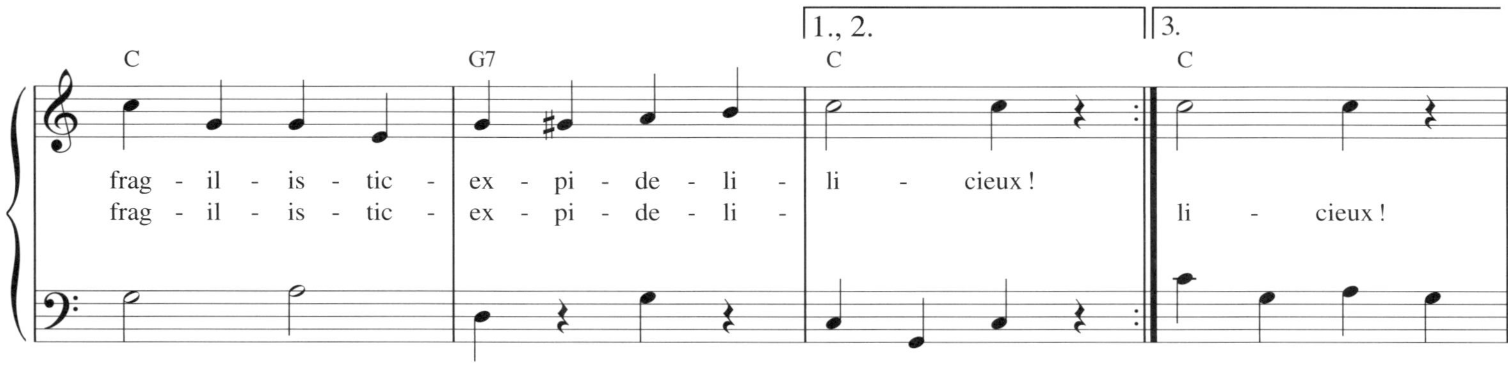

1., 2.
3.
C
G7
C
C
frag - il - is - tic - ex - pi - de - li - li - cieux !
frag - il - is - tic - ex - pi - de - li - li - cieux !

F   F#dim
C
G7
C
f

Tendre rêve

Tiré du film de Walt Disney CENDRILLON

Paroles et Musique de Mack David, Al Hoffman et Jerry Livingston

Paroles françaises de Claude Rigal-Ansous

Modérément

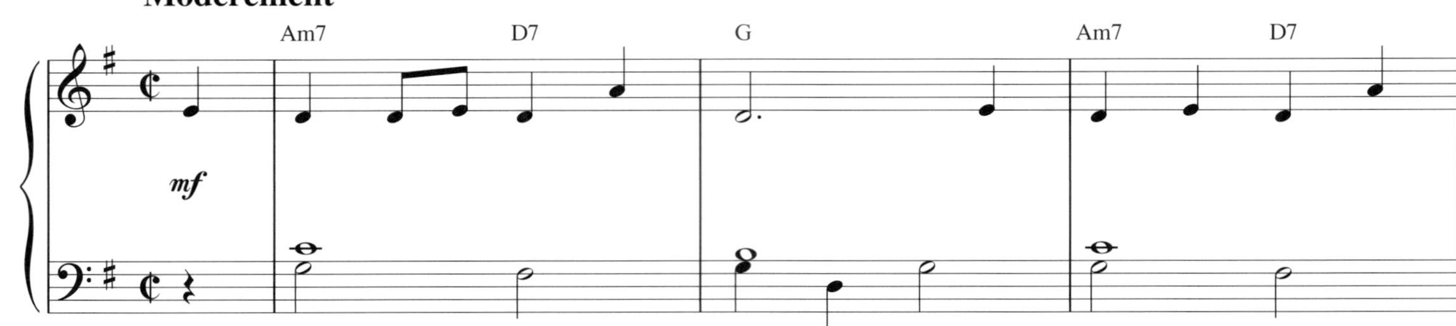

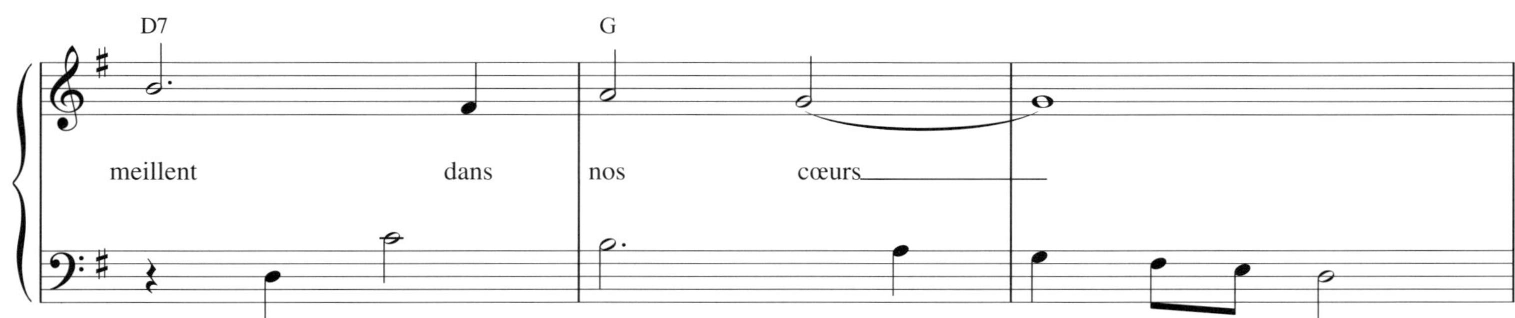

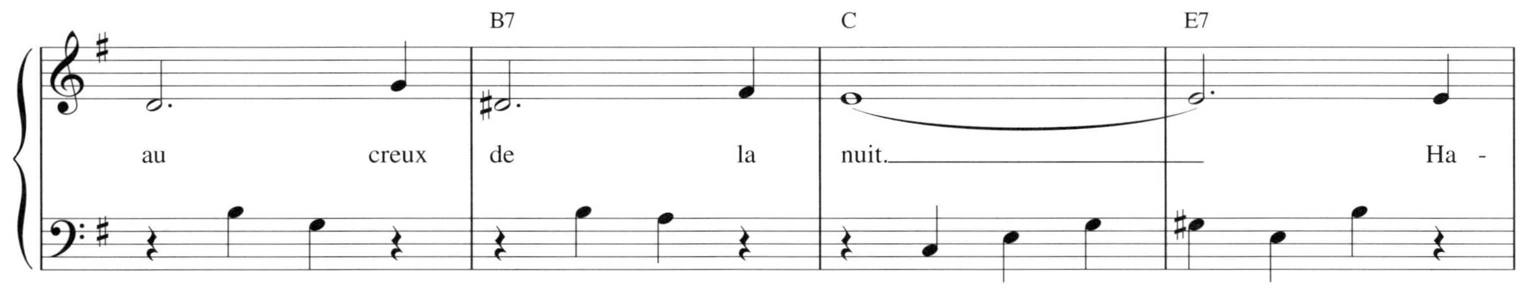

B7   C   E7
au   creux   de   la   nuit.________   Ha -

Am   E7   Am
billent   nos   cha -   grins   de   bon -   heur________

____   dans   le   doux   se - cret   de   l'ou

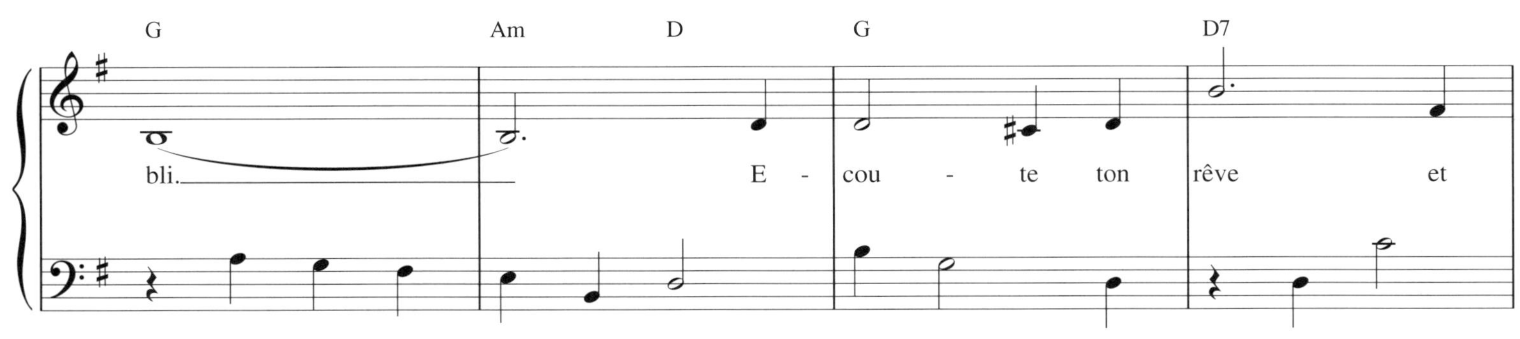

G   Am   D   G   D7
bli.________   E - cou - te ton rêve   et

G   Dm7
de - main________   Le   so - leil   bril - le -

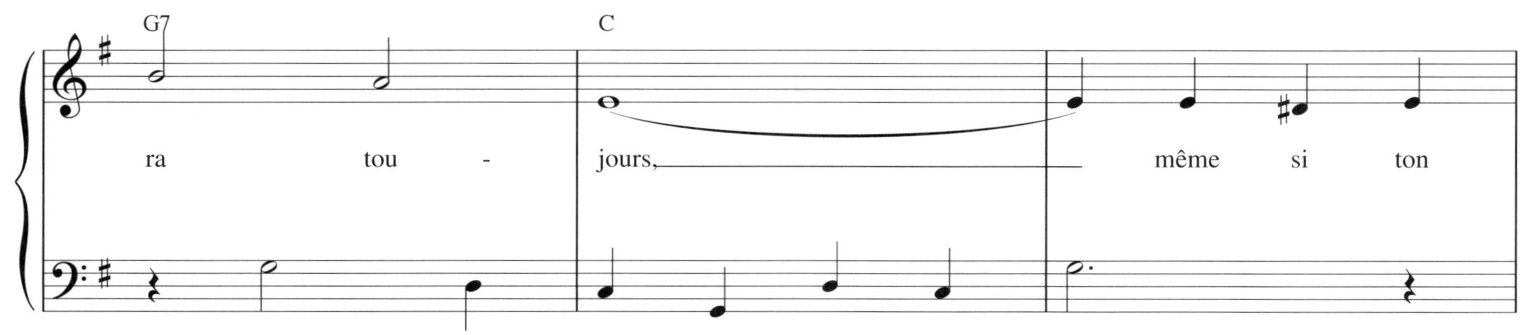

G7
C
ra   tou -   jours,   même   si   ton

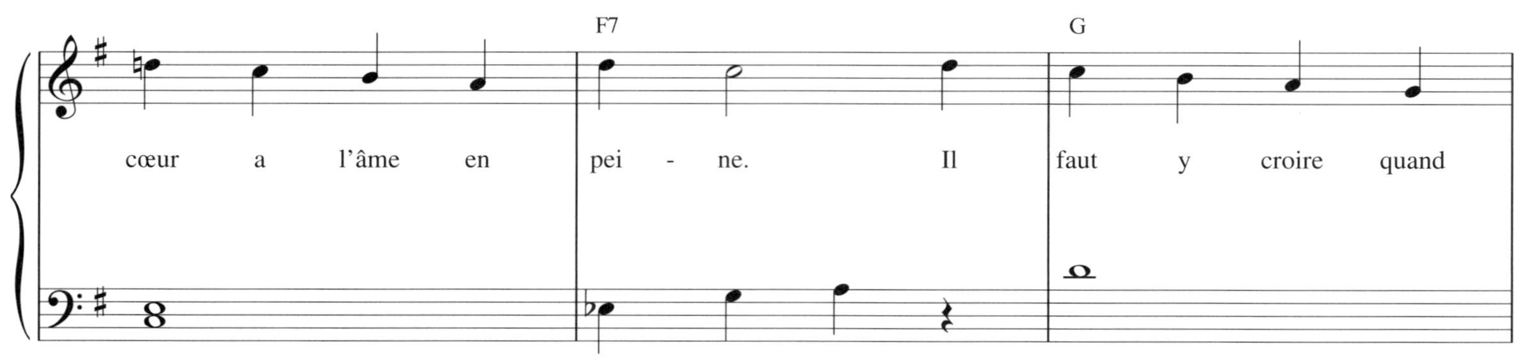

F7
G
cœur   a   l'âme   en   pei - ne.   Il   faut   y   croire   quand

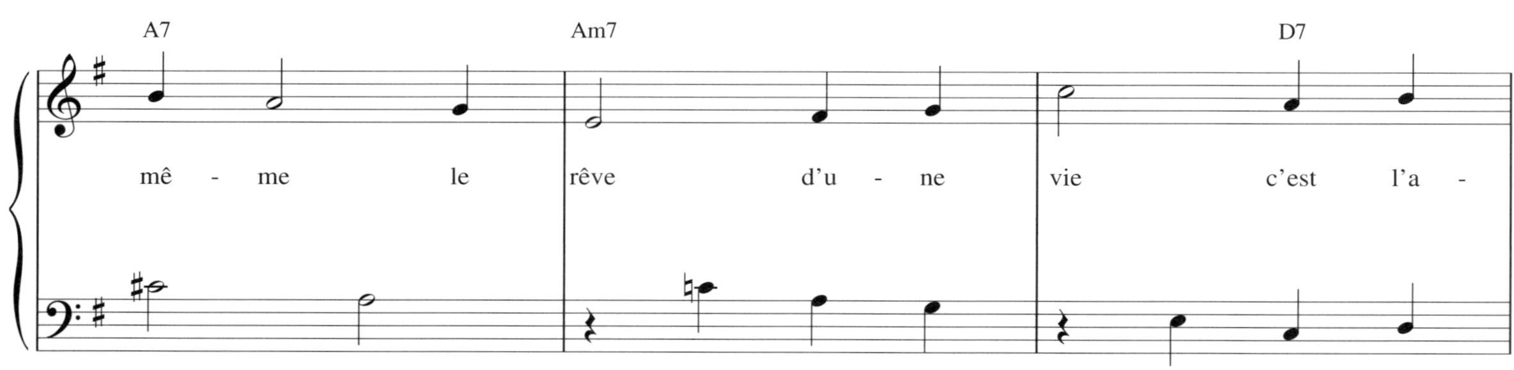

A7
Am7
D7
mê - me   le   rêve   d'u - ne   vie   c'est   l'a -

1.
2.
G
G
mour.   Les   mour.

L'Univers de Jean-Christophe

Tiré du film de Walt Disney WINNIE L'OURSON

Paroles et Musique de Richard M. Sherman et Robert B. Sherman
Paroles françaises de Luc Aulivier

Modérément

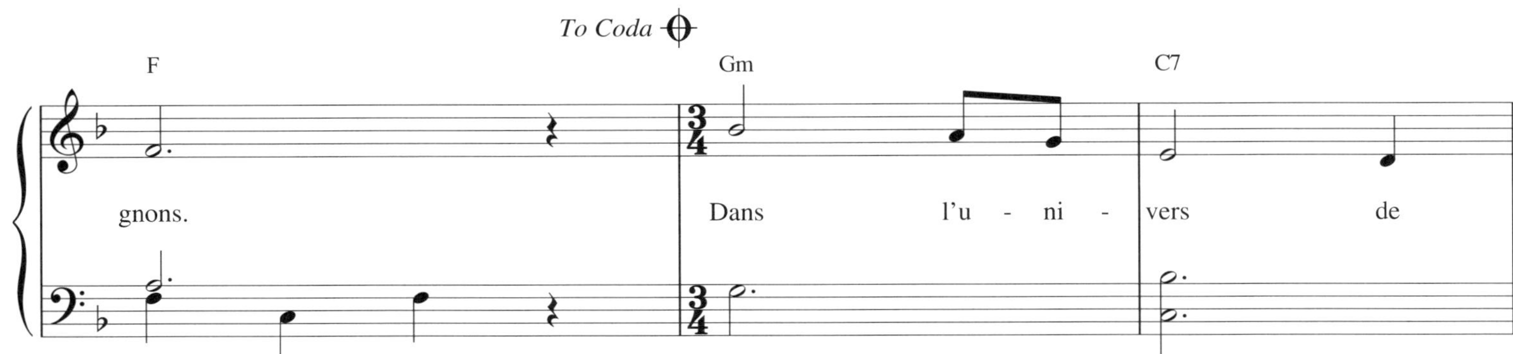

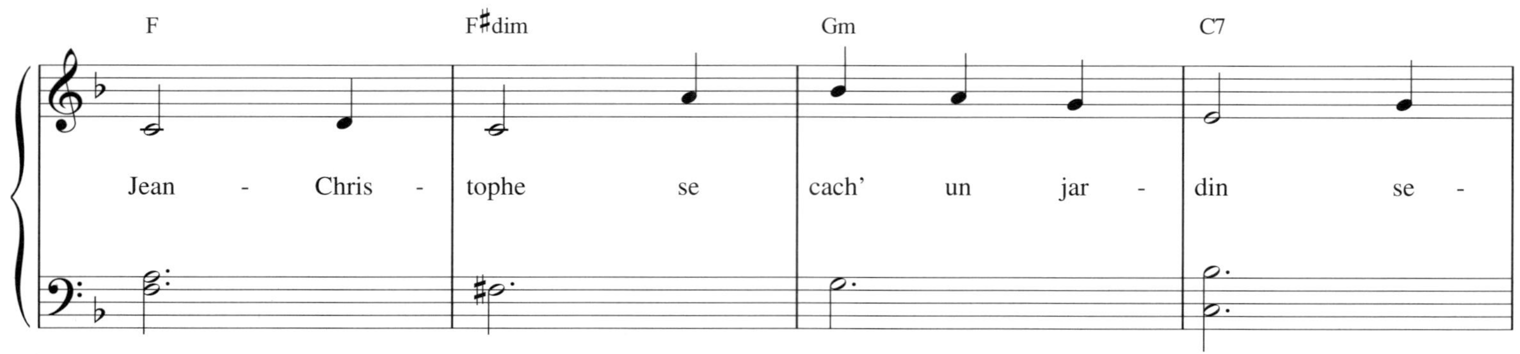

F   F#dim   Gm   C7
Jean - Chris - tophe   se   cach' un   jar - din   se -

F   Gm
cret,   Où   vit   tout   un

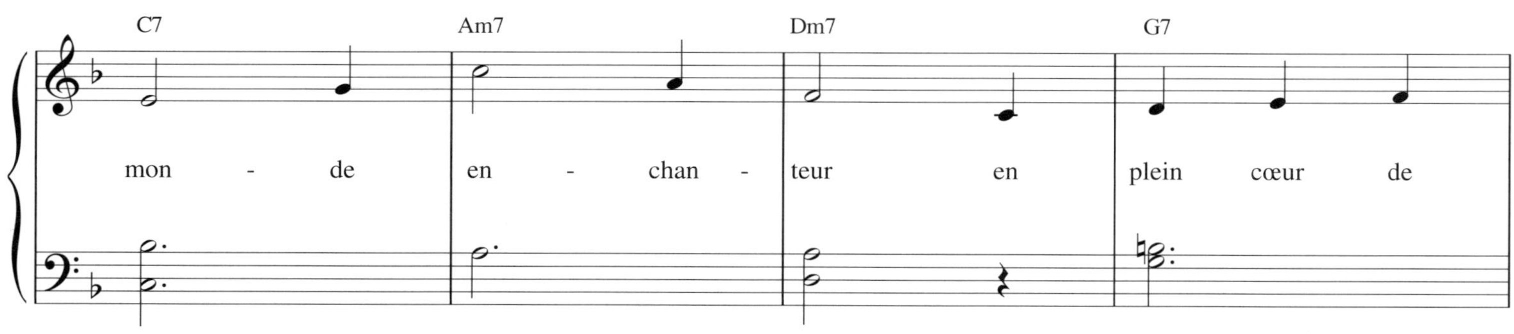

C7   Am7   Dm7   G7
mon - de   en - chan - teur   en   plein   cœur   de

C7   F   Gm   C7
la - a   fo - rêt.   Il   y'a   Bour - ri - quet   le

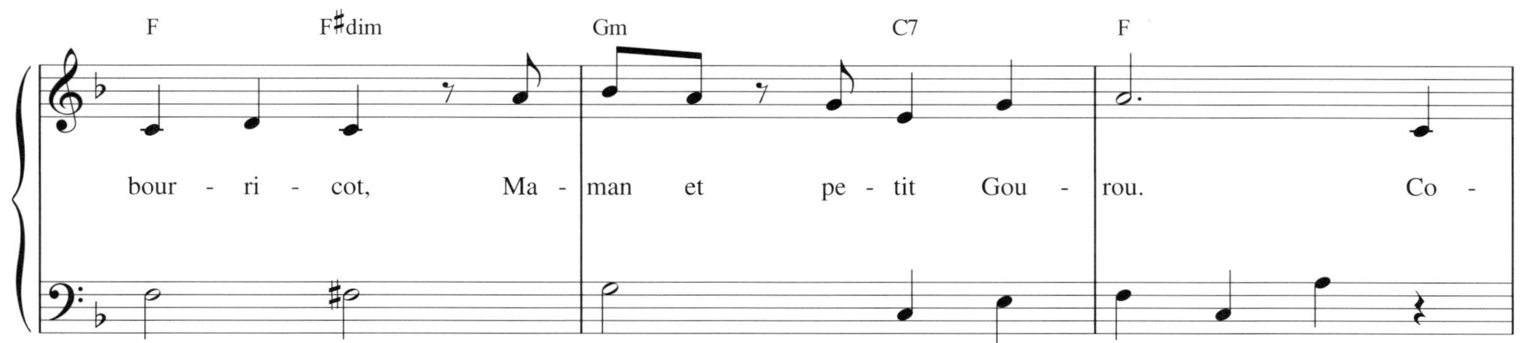

bour - ri - cot,   Ma - man et   pe - tit   Gou - rou.   Co -

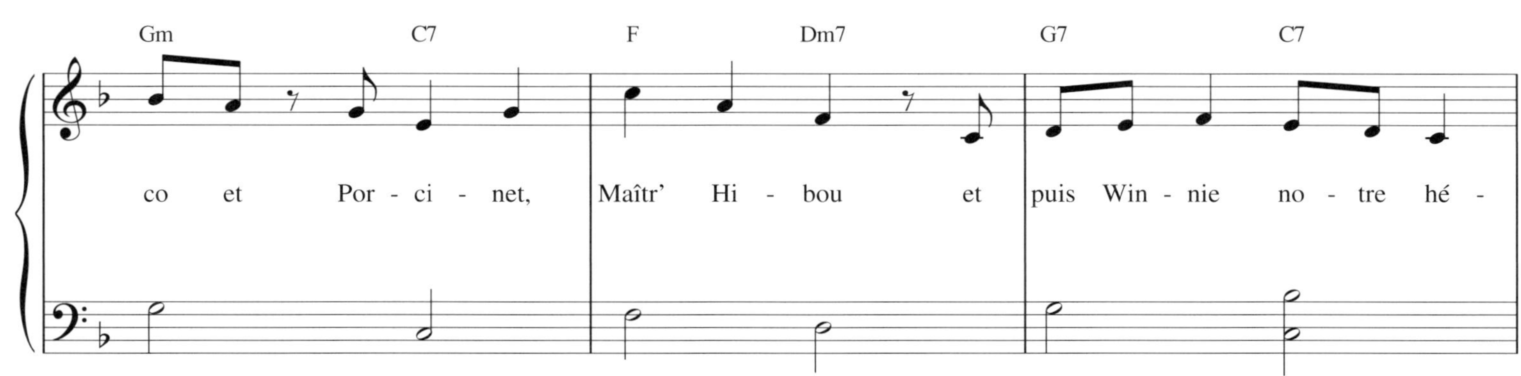

co   et   Por - ci - net,   Maîtr' Hi - bou   et   puis Win - nie   no - tre hé -

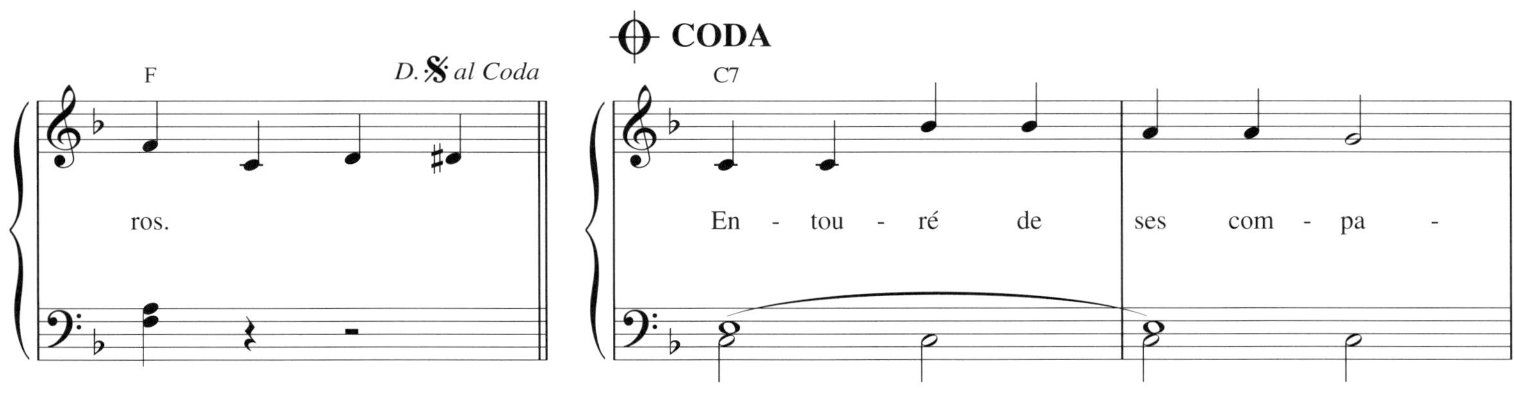

CODA
D.S. al Coda
ros.
En - tou - ré   de   ses   com - pa -

gnons.

Zip-A-Dee-Doo-Dah

Tiré du film Walt Disney MELODIE DU SUD
Paroles de Ray Gilbert
Musique de Allie Wrubel

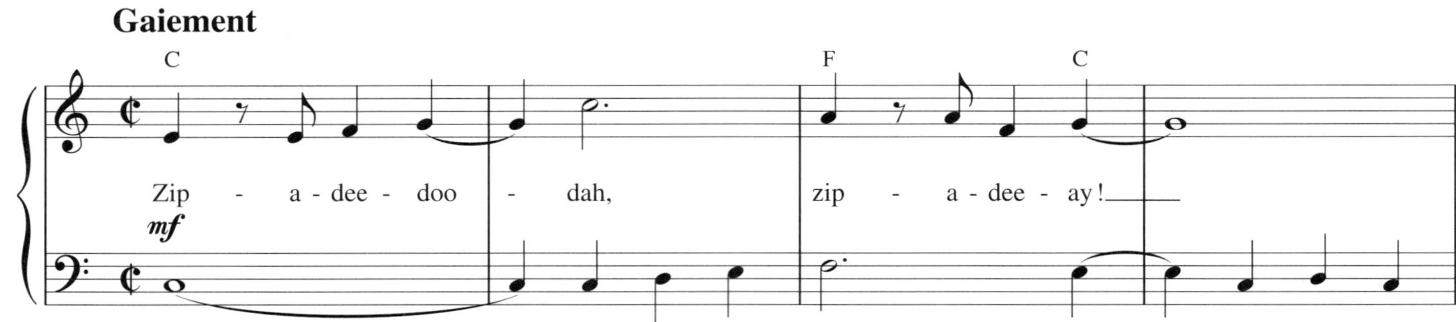

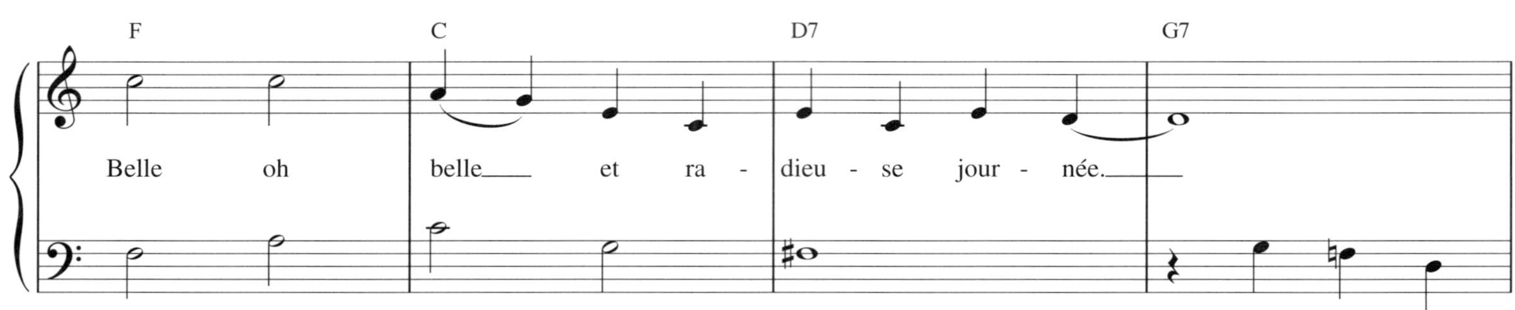

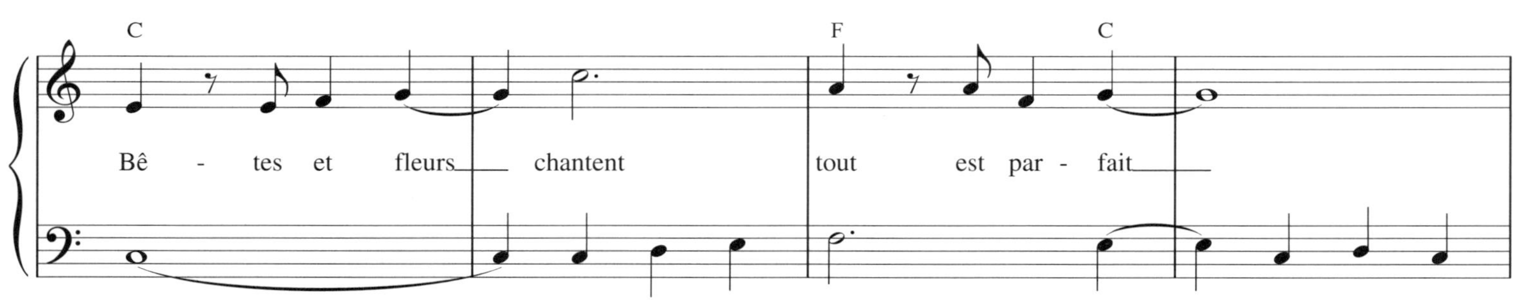

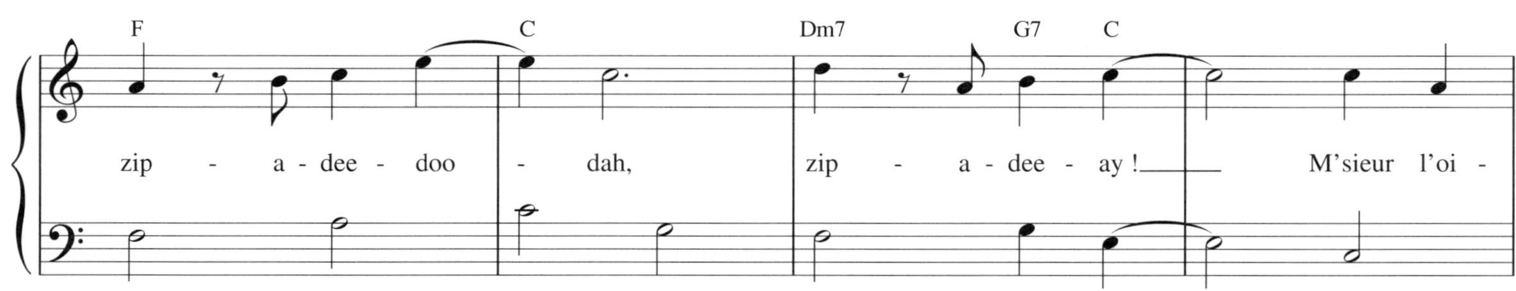

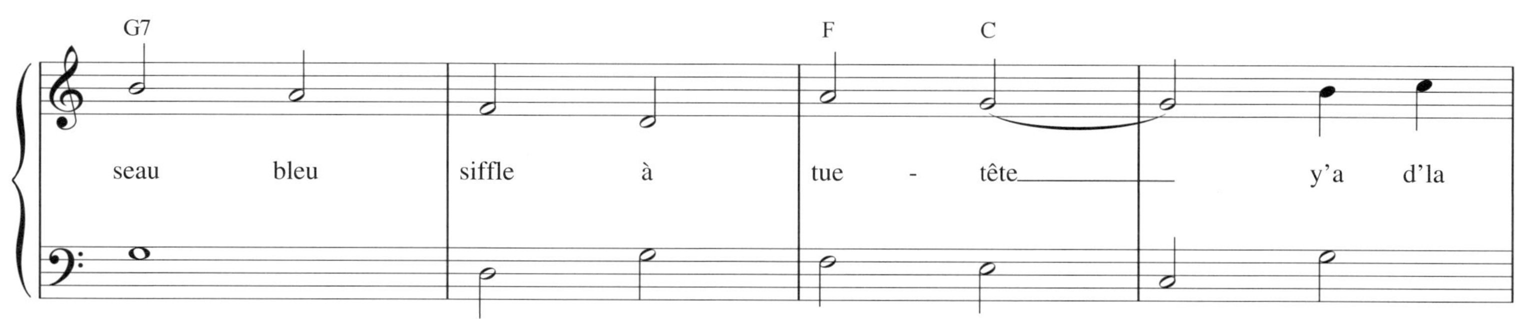

seau bleu siffle à tue - tête y'a d'la

joie, des chan - sons, des vieux airs, des airs sans fa - çon.

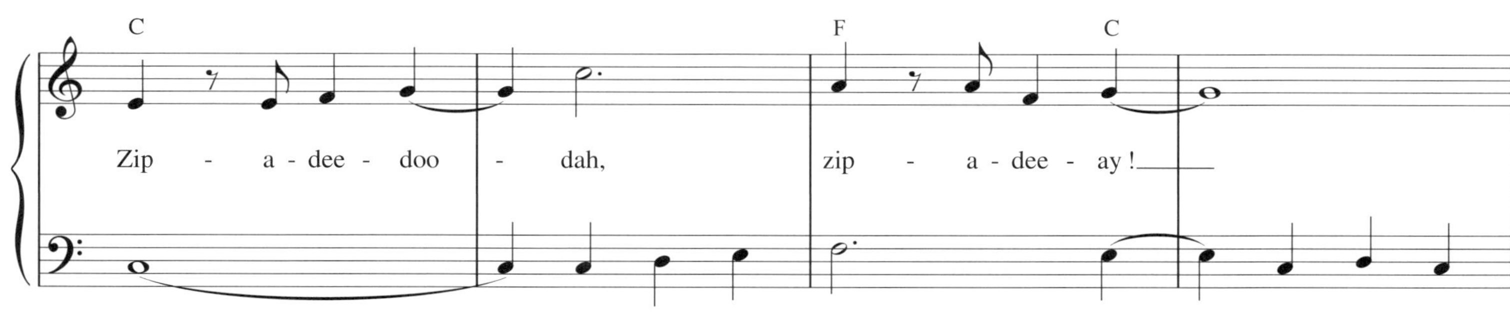

Zip - a - dee - doo - dah, zip - a - dee - ay!

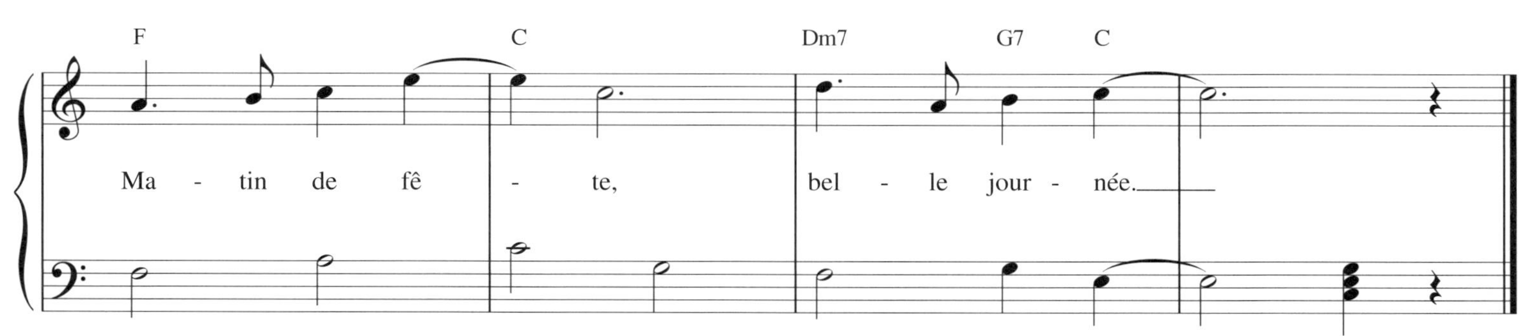

Ma - tin de fê - te, bel - le jour - née.